A MÁQUINA DA LAMA

A marca FSC® é a garantia de que a madeira utilizada na fabricação do papel deste livro provém de florestas que foram gerenciadas de maneira ambientalmente correta, socialmente justa e economicamente viável, além de outras fontes de origem controlada.

ROBERTO SAVIANO

A máquina da lama

Histórias da Itália de hoje

Tradução
Joana Angélica d'Avila Melo

Copyright de Vieni via con me © 2010 by Roberto Saviano
Publicado originalmente em março de 2011 por Giangiacomo Feltrinelli Editore, Milão, Itália
Copyright de "Autoritratto di un Boss" © 2011 by Roberto Saviano.
Publicado originalmente em três partes entre 8 e 10 de fevereiro de 2011 por *La Repubblica*.
Mediante acordo com a agência literária Roberto Santachiara

Grafia atualizada segundo o Acordo Ortográfico da Língua Portuguesa de 1990, que entrou em vigor no Brasil em 2009.

Título original
Vieni via con me

Capa
Alceu Nunes

Foto de capa
© Jonathan Blair / CORBIS / Corbis (DC) / LatinStock

Preparação
Silvia Massimini Felix

Revisão
Jane Pessoa
Márcia Moura

Dados Internacionais de Catalogação na Publicação (CIP)
(Câmara Brasileira do Livro, SP, Brasil)

> Saviano, Roberto
>   A máquina da lama : histórias da Itália de hoje / Roberto Saviano. — 1ª ed. — São Paulo : Companhia das Letras, 2012.
>
>   Título original: Vieni via con me
>   ISBN 978-85-359-2109-0
>
>   1. Cultura - Itália 2. Itália - História 3. Itália - Condições econômicas 4. Itália - Condições sociais. 5. Itália - Política e governo I. Título.

12-04772   CDD-945

Índice para catálogo sistemático:
1. Itália : História   945

[2012]
Todos os direitos desta edição reservados à
EDITORA SCHWARCZ S.A.
Rua Bandeira Paulista, 702, cj. 32
04532-002 — São Paulo — SP
Telefone (11) 3707-3500
Fax (11) 3707-3501
www.companhiadasletras.com.br
www.blogdacompanhia.com.br

Sumário

Prefácio à edição brasileira 7

PARTE I: *Vieni via con me*

1. Juro 31
2. A máquina da lama 36
3. A 'Ndrangheta no Norte 51
4. Piero e Mina 69
5. Detritos e venenos: a montanha tóxica 78
6. A maravilhosa habilidade do Sul 94
7. O terremoto em L'Aquila 100
8. A democracia vendida e o navio a vapor da Constituição 113

PARTE II: A Camorra

1. Autorretrato de um chefão: o livro-razão da Camorra 123
2. Grand Hotel Camorra 132
3. A Camorra nas urnas: os chefões donos do voto 139

Bibliografia 149
Agradecimentos 153

Prefácio à edição brasileira

Não invejo quem quer que seja. A riqueza, o talento, o sucesso, a glória de meu próximo e de meu distante não me afligem, sou capaz de admiração, de bater palmas, aplaudir, gritar hosanas, carregar em andor, gosto de fazê-lo. O sucesso de um amigo é meu sucesso, não precisa ser amigo, basta ser patrício, baiano, brasileiro, por vezes nem isso, basta que lhe descubra talento, vocação. Alegra-me deparar com um poeta, com um romancista jovem, estreante de inspiração verdadeira, saio a anunciar o acontecimento.

Imune à inveja, sou livre para a admiração e a amizade, que beleza! Nada mais triste do que alguém que sofre com o êxito dos demais, que é escravo da negação e do azedume, que baba inveja, rasteja no despeito, um infeliz.

Jorge Amado*

---

* Em *Navegação de cabotagem*, pp. 261. São Paulo: Companhia das Letras, 2012. (N. E.)

ITÁLIA-BRASIL NÃO É SÓ UMA PARTIDA DE FUTEBOL

Contar aos meus leitores brasileiros as histórias contidas neste livro tem um significado especial para mim em relação a outros meridianos no mundo. Por muito tempo, nos meus pensamentos de menino, de um menino crescido no sul da Itália, no território da Europa com mais mortos por assassinato, o Brasil significou futebol: Pelé, Falcão e sobretudo Antonio Careca. Mas também significou outra coisa, a saber, Antonio Bardellino, o chefe do clã dos Casalesi, a organização criminosa "dona" do território onde nasci e cresci e que me ameaçou de morte. Antonio Bardellino fazia negócios no Brasil, negócios para o clã. E talvez tenha morrido no Brasil, foragido, em 1988, em sua mansão de Búzios (RJ), que, ao que parece, ele compartilhava com Tommaso Buscetta, o "*boss* dos dois mundos", ligado à Cosa Nostra siciliana e detido em São Paulo em 1983.

Ou Antonio Bardellino não morreu, e sim fugiu do Brasil — tal fantasia era alimentada pelo fato de que seu corpo nunca foi encontrado. Pronto: em nossa imaginação de adolescentes, essa eventualidade bastava para nos amedrontar. Pensávamos que mais cedo ou mais tarde Bardellino voltaria para vingar todas as mortes que se seguiram ao seu desaparecimento. Para se vingar de quem o havia traído. Temíamos que houvesse a enésima guerra da Camorra porque o "rei" tinha retornado para vingar sua família dizimada, ultrajada, obrigada ao exílio. Eram só narrativas de garotos, habituados a raciocinar segundo esquemas de retaliações e de violência, porque Bardellino jamais voltou e, se estiver vivo, deve ter deixado para trás toda a devastação que criou. Assim, sentíamos o Brasil muito próximo da Itália, mas não de toda a Itália. Para nós, ele era muito próximo de nossos vilarejos, aqueles vilarejos pequeninos e desconhecidos que um brasileiro jamais saberia localizar num mapa. Nós, porém, nos sentíamos especialistas em Brasil. Todas as crianças do mundo se sentem ligadas ao Brasil pelas proezas de sua seleção de futebol, mas nós, além disso, tínhamos as histórias criminais e, pelas matérias que os jornalistas publicavam, conhecíamos Rio, Búzios, São Paulo.

Ao longo dos anos, não perdi o hábito de mapear o mundo segundo os negócios dos clãs; ao contrário, isso talvez tenha se tornado uma obsessão cada vez mais forte. Mas, com frequência, o que muda são justamente os lugares que permitem sobrepor lembranças a lembranças, vitórias a tragédias. Hoje, o Brasil vive um momento incrível. Aquela que foi uma ex-colônia é agora a esperança para os países colonizadores e para os colonizados. Penso em Portugal, mas também em Angola, em Moçambique e em todo o mundo lusitano. A modernidade, as televisões populares e *kitsch*, as reformas sociais, a complexidade de um país que cresce e que se torna central para a história do mundo, e ao mesmo tempo suas contradições, não estão assim tão distantes das histórias que eu conto. Histórias de máfia, mas também de amor, de resistência, de paixão pelo direito, pela justiça, pelo próprio trabalho e pela própria terra. Creio que o leitor brasileiro conseguirá sentir essas histórias como suas próprias, porque são filhas de culturas semelhantes.

O sonho italiano, neste momento, é que aquilo que está acontecendo no Brasil, isto é, brasileiros emigrados que voltam à sua terra para fazer investimentos, porque acreditam no percurso de reformas empreendido, possa um dia acontecer também na Itália.

Contudo, a criminalidade organizada ainda é um freio, e o Brasil — como a Itália — paga um preço gigantesco ao narcotráfico. Os grandes navios carregados de coca partem do Brasil, e isso equivale a dizer que a Bolsa da coca está no Brasil, ou seja, com frequência o preço da coca é decidido ali, porque dali partem as expedições. É recente a apreensão da enésima carga de cocaína (650 quilos), descoberta no porto mais ativo da Itália para o narcotráfico, o porto de Gioia Tauro, na Calábria, e oriunda justamente do Brasil.

Mas eu tenho grandes esperanças e muita confiança no futuro desse país. Tenho esperança de que o Brasil possa se tornar o parceiro privilegiado da Europa, tenho esperança de que dele possa partir um novo percurso virtuoso que contagie a Europa e o resto do mundo. Tenho esperança na comunidade italiana no Brasil, que do nada conseguiu chegar aos vértices da sociedade. E sonho algum dia ir a essa terra maravilhosa e difícil, cuja relação de fraternidade com a Itália não está somente no enésimo desafio de futebol, mas sobretudo na capacidade de intercambiar referências comuns, na possibilidade de combater, mediante estratégias compartilhadas, a economia criminosa.

A CENSURA

Estas páginas que se seguem, estas narrativas, são o fruto do meu trabalho de redação para um programa de tevê. Um programa que eu jamais imaginaria pudesse gerar tanto transtorno, a ponto de a televisão estatal italiana bloquear sua segunda edição. Em 2012, *Vieni via con me**, à época com outro nome mas com a mesma equipe, os mesmos redatores e os mesmos técnicos, foi ao ar, mas numa rede privada, porque a RAI, apesar do grande sucesso, apesar dos ganhos inesperados, e embora seja uma empresa pública cujo fim último é propor qualidade e ter lucro, preferiu ignorar, riscar, cancelar *Vieni via con me*, não só de sua grade de programação como também das discussões e das reuniões empresariais. E a nova transmissão bateu um recorde de *share*, o da rede que a hos-

---

* *Vem embora comigo*, série de quatro especiais transmitidos nos dias 8, 15, 22 e 29 de novembro de 2010. (N. E.)

pedou, confirmando o que nós já havíamos compreendido: os espectadores querem ouvir histórias, e não fofocas, e não gritos. No entanto, a Itália de hoje é essa, um país triste, e nossa televisão não pode evitar refletir essa infelicidade. Na última fase do governo Berlusconi, a tevê era só evasão: a gargalhada fácil, o litígio, os berros, as brigas entre políticos ou entre familiares. Muitas vezes, e isso já se tornara uma espécie de costume, durante os programas televisivos de debate político ou durante os *talk-shows*, até o primeiro-ministro telefonava, para gritar ao vivo que o moderador havia mentido, ou então para anunciar que um jogador do Milan não seria vendido. Durante muito tempo, a televisão tinha a tarefa de nos dar a entender que a vida do país poderia se sobrepor a um dos muitos *reality shows* que as tevês públicas e privadas propunham. Um *reality show* um pouco *trash*, no qual não existiam problemas estruturais, e sim, no máximo, dramas familiares. O tio que mata a sobrinha. O filho que mata a mãe, de olho na herança. A prima feia que mata a prima mais bonita porque são rivais no amor. E tudo podia ser utilizado, desde que entretivesse o público. Desde que mostrasse que existiam perigos próximos, pelos quais devíamos nos interessar, em vez de refletirmos sobre os fluxos econômicos, sobre as escolhas governamentais, sobre uma riqueza cada vez mais criminosa e cada vez menos baseada no empenho e no talento.

Foi a essa televisão que chegou *Vieni via con me*.

O PENETRA

Se seu ofício é escrever, fazer televisão é como tentar respirar embaixo d'água. Você não consegue porque não tem guelras, precisa encontrar o jeito, um jeito qualquer para não morrer afogado. Quando propuseram que contasse na televisão histórias da Itália, instintivamente minha resposta foi afirmativa. Fiquei entusiasmado. A ideia havia nascido porque alguns meses antes, contando histórias da Camorra e informando sobre livros e escritores perseguidos, eu tinha obtido inesperadamente, na RAI 3, em horário nobre, um público muito vasto. Fazia tempo que não se investia em cultura com tanta audácia na Itália, e numa faixa horária privilegiada na televisão pública. Eu não era um homem de tevê (aliás, até hoje não sou), mas um escritor, um jornalista que tinha histórias a contar. Confiar a mim aquelas horas na telinha foi um risco, e a coragem, logo nos demos conta, acabou sendo premiada. Mas, para um escritor, trabalhar em um programa de tevê, construí-lo do primeiro ao último minuto, tem algo de irreal. Na página, tudo o que se escreve é espaço de imaginação, tudo o que se conta pode ser vivido, pensado e reelaborado na cabeça e na alma do leitor. Em televisão não é assim, em televisão as palavras não são escritas, elas devem ser vistas. A narração é mais eficaz justamente quando não se busca reproduzir a vida de modo fiel, mas quando a transforma, com honestidade, em um conto. No conto televisivo os artigos são as luzes do estúdio, os adjetivos são os clipes, os verbos são os movimentos de cena, as frases são os enquadramentos, a pontuação são os convidados. Em um tempo limitado, deve entrar tudo: a vontade de narrar uma fatia significativa da existência e a honestidade de contá-la como um ponto de vista, e não como uma verdade absoluta. Então você compreende que é um penetra na tevê, assim como eu já tinha sido no teatro. No fundo, se você é um escritor, sente-se estrangeiro em qualquer lugar, menos na página, e talvez seja esta a magia de quem trabalha com as palavras: ter de reconquistar a cada vez, em campo, a legitimidade para pronunciá-las. Começou assim uma aventura feita de tensão, tristeza, grande paixão, uma aventura que me deu vertigens e a possibilidade real de vislumbrar um caminho para além da noite. A noite deste país.

Para a direção-geral da RAI, aqueles especiais deviam ser destinados a um nicho, deviam falar somente a poucos. Mas eu pensava em uma transmissão popular, uma transmissão que pudesse chegar a um público mais vasto. Que fosse reportagem e entretenimento. Queria também construir um lugar que oferecesse uma estética alternativa àquela que se costuma ver na televisão. Foi isso que gerou o curto-circuito inicial, as polêmicas sobre as remunerações, os temores políticos da empresa, que pretendia neutralizar preventivamente qualquer possível ataque ao governo Berlusconi, as suspeitas de uma censura subterrânea. A nítida percepção de que pretendiam calar nossas palavras.

Mas não devemos ser ingênuos, comparando essa situação à de países onde existe uma censura total aos meios de comunicação. A Itália não é o Irã de Ahmadinejad ou a Cuba de Castro, onde aos meus coetâneos não é consentido o livre uso da internet, onde quem ganha prêmios jornalísticos internacionais não tem permissão para ir recebê-los e atletas não podem voltar ao país para se despedir de um genitor em fim de vida. A Itália não é a China em expansão, que não admite dissidência, nem o que foi o Chile de Pinochet. Não somos vítimas de totalitarismos fascistas. Entre nós, porém, o mecanismo censório é insidioso porque não é imediatamente reconhecível. Ao mesmo tempo que, da direção-geral da RAI, partiam afirmações públicas de que *Vieni via con me* iria ao ar sem nenhum problema, alimentava-se a fábula das remunerações astronômicas e difundiam-se cifras infladas cujo único objetivo era o de apelar para o desespero do país. A mensagem que se desejava passar era esta: "Enquanto as famílias italianas estão desesperadas e o dinheiro não dá até o fim do mês, um bando de intelectuais alega censura, em altos brados, e pleiteia remunerações astronômicas, que a empresa pública, financiada pelos impostos dos usuários, não pode se permitir pagar". Na realidade, todas as pessoas que havíamos convidado tinham se mostrado dispostas a reduzir à metade suas remunerações e até a participar de graça, só para estar no projeto. Por outro lado, essa mensagem esconde um preconceito muito mais insidioso para qualquer democracia que se reconheça como tal: aquele que aceita a linha governamental está legitimado para receber remunerações e para construir uma vida autônoma e autossuficiente, mas aquele que quer criticar deve fazê-lo renunciando a qualquer remuneração, porque essa renúncia legitima sua crítica. "Se você realmente acredita nisso, deve fazê-lo de graça": esse é um modo hipócrita e esperto de obrigar os opositores a agir em total desvantagem e a não dar valor ao trabalho, se for um trabalho de investigação, análise e crítica das coisas.

A verdade é que o dinheiro não tinha nada a ver com isso. Fosse como fosse, *Vieni via con me* viria a ser um grande negócio para a RAI, dados os valores pelos quais haviam sido vendidos os espaços publicitários, que o sucesso do programa ainda faria aumentar posteriormente. O verdadeiro prejuízo econômico para a tevê estatal, àquela altura, seria cancelá-lo, decisão que dificilmente poderia ser justificada. Daí os esforços muitas vezes canhestros para boicotar nosso trabalho. Reduziram nossos estúdios, os atores, os convidados. Tentaram diminuir as edições de quatro para duas. Puseram-nos na mesma grade de programação dos jogos da Liga dos Campeões, primeiro, e depois no horário tardio do *Grande Fratello*.* Esperaram poder acionar um mecanismo de censura indireta, tirar-nos qualquer possibilidade de fazer um bom trabalho, para no final poder declarar que o resultado tinha sido fraco e que a audiência fora esmagada pela concorrência. A cada dia se acumulavam polêmicas, acusações, pressões. Tínhamos de defender continuamente a nós mesmos e a nosso trabalho.

Este é o novo modo de agir da censura: apresentar mil difi-

---

* O *Big Brother* italiano. (N. E.)

culdades à realização de um projeto, na sombra, em instâncias cujo acesso é reservado a poucos, por parte de pessoas que têm tudo a perder se revelarem os mecanismos. E depois fazer espalharem os fatos: "Vocês vão mal", "Ninguém assiste ao programa", "Tiveram audiência de horário da madrugada". Por fim, o paradoxo diante do qual nos vimos ficou evidente: um editor que, não tendo força para rejeitar um programa, faz de tudo para deixá-lo mal, para reduzir sua audiência ao mínimo e limitá-lo a um nicho no qual ele pare de incomodar.

Mas nós sonhávamos com um programa ambicioso, de qualidade, com convidados importantes: um programa destinado a um grande público e capaz de descrever uma Itália que raramente aparece na tevê. Queríamos falar da máquina da lama, de máfia e política, de como funciona o comércio de votos, das mentiras sobre o terremoto, do negócio do lixo.

HISTÓRIAS DE UMA ITÁLIA QUE SONHA

Estava claro: o que dava medo era justamente o conteúdo dos programas. Sobre este, porém, nenhum de nós se dispunha a negociar: era expressão da nossa liberdade. O sonho (ou a ambição) era falar àquela parte do país que na realidade é a maior, aquela que tem vontade de redesenhar nossa terra, de reconstruí-la, que tem vontade de dizer que não somos todos iguais e que nossa diversidade reside em saber errar sem ser corrupto, em ter fraquezas que não comportam chantagens e extorsões. Queríamos falar àquela parte do país que queria voltar a ter confiança na nossa democracia e na nossa justiça. Queríamos falar àquela parte do país que sonha, sem se envergonhar, em voltar a chamar de "pátria" nossa terra hoje tão infeliz. Para falar dessa Itália, eu considerava fundamental, em primeiro lugar, explicar como funciona a máquina da lama. "Para ver o que temos diante do nariz", escreveu George Orwell, "é necessário um esforço constante." Compreender o que está acontecendo hoje na Itália parece algo simples, mas, ao contrário, é bastante complexo. É preciso fazer um esforço que redunde na última possibilidade de não sofrermos a barbárie. Porque a máquina da lama cospe contra quem quer que o governo considere inimigo. Não com o objetivo de denunciar um crime ou de mostrar um erro, mas de obrigá-lo à defesa. Não com o objetivo de pesar as escolhas individuais, mas de equiparar tudo para poder dizer que somos todos sujos, que todos cometemos erros, que não se pode confiar em ninguém. Que não há esperança. Esse jogo quer nos convencer de que "assim caminha a humanidade", de que só é possível ter êxito nas coisas mediante acordos e concessões, porque no fundo todos se vendem, se quiserem chegar a algum lugar.

A única resposta possível é dizer que não se tem medo, que os leitores já compreenderam o mecanismo, que não é verdade que o país se tornou mau e não vê a hora de expor ao ridículo quem quer que seja, desde que justifique a si mesmo. Esse mecanismo pode ser desmontado, pode ser enfraquecido, só de se falar sobre ele. Aprendi a estudar a máquina da lama pela história dos regimes totalitários, pelo que se fazia com os dissidentes na Albânia ou na União Soviética. Ninguém era chamado para responder a processos de verdade, qualquer um podia ser difamado, fichado e condenado só por ter contado o que estava acontecendo. Nas democracias o mecanismo é diferente, mais complexo e elástico, a resposta não pode ser conclusiva, não deve se basear em princípios morais. A resposta não é sentir-se melhor, mas diferente, mesmo com as próprias fraquezas e os próprios erros. A resposta é sentir-se parte de uma Itália que não aguenta mais esse contínuo martelar sobre a vida de quem é considerado inimigo do governo. Giovanni Falcone, magistrado antimáfia assassinado em maio de

1992, em Capaci, num atentado mafioso, foi uma vítima ilustre da máquina da lama, e foi por isso que, no programa, decidi partir de suas vicissitudes profissionais para descrever os mecanismos que são usados até hoje.

Agora, relembrando, tenho vontade de sorrir pelo seguinte: se não tivesse havido a participação emocional do público no estúdio, toda a minha segurança teria desabado. Assumi um risco, declamando o juramento feito por Mazzini para a Giovine Italia: hoje, ele soa como um daqueles poemas que você recita como que por instinto. Aflorei a retórica, apresentando-me na tevê com a bandeira tricolor sobre os ombros. Mas considerava fundamental recordar a épica de nossa unificação nacional, que ocorreu por motivos idealísticos e não apenas econômicos, sobre a base de um federalismo solidário e não de um federalismo egoísta como aquele que invoca a Liga Norte, partido xenófobo e racista, que há anos parece trabalhar para a ruína de nosso país com suas leis em matéria de imigração e proibicionismo. Unificação que partiu do Sul, terra martirizada pelas organizações criminosas, espelho do nosso país, recalque com o qual parece cada vez mais difícil acertar contas. Foi muito difícil descrever o Norte como um terreno de conquista das máfias do Sul, pois não é fácil aceitar a ideia de que grande parte da economia italiana seja decidida em vilarejos meridionais, desconhecidos e atrasados, e não nas grandes e modernas metrópoles setentrionais. O bandido Salvatore Giuliano afirmava: "Na cidade eu deslizo". Como se dissesse que sobre a terra o pé fica firme, ao passo que no asfalto das cidades, onde as pessoas não se conhecem e se confundem entre si, corre-se o risco de escorregar. Platì, Casal di Principe, Africo, Corleone, Casapesenna, Natile di Careri: é daí que se administra grande parte dos capitais italianos. E é aí, nos vilarejos, que as regras são escritas e geridas. São regras econômicas, mas antes de tudo culturais, que depois chegam à cidade, ao Norte, à Europa e à América do Sul. Onde se repetem os mesmíssimos rituais de afiliação que se acreditava existir apenas em terras atrasadas e responde-se ao mesmo código imutável. E não são apenas dinâmicas militares, são sobretudo dinâmicas culturais que se alimentam de práxis atávicas, perenes, inamovíveis, eternas. Regras assumidas como modos de viver, como mecanismos para estar no mundo. Regras que são a força da qual se nutrem as camarilhas empresariais mais fortes da Itália: 'Ndrangheta, Camorra e Cosa Nostra, como demonstrou uma comissão criada *ad hoc* pelo governo Obama. Seria simples demais acreditar que tudo isso é fruto de atraso medieval, profunda ignorância e ausência de Estado. Porque não existe atraso em um lugar aonde chegam, através do narcotráfico, milhões e milhões de euros. O nó da questão está justamente nisto: o grau máximo da regra arcaica, unido ao grau máximo da evolução econômica. Internet, mercado, finanças, droga, mas tudo governado pelas normas tradicionais, as do olhar baixo, dos casamentos combinados, da virgindade e do sangue.

Aos milhões de telespectadores que nos acompanhavam, eu não queria contar histórias de um vilarejo do Sul atrasado e dominado pelas famílias mafiosas, que muitos perceberiam como distantes, como algo que não lhes dizia respeito: histórias que não teriam a força de envolver o país inteiro. Então decidi contar o que acontece no Norte da Itália, na Lombardia, no coração econômico do país, o que acontece com o cimento, com a distribuição de alimento e de gasolina, o que acontece na gestão das concessões estatais, no narcotráfico, nas administrações comunais manipuladas. Não são histórias marginais, como alguns gostariam de fazer crer. São histórias que dizem respeito a todos, fruto de um mecanismo ao qual obedece quem neste momento gerencia grande parte do nosso belíssimo e condenado país. No entanto, minha reconstituição das infiltrações da máfia na Lombardia, terra da Liga, foi definida como "infame". "Para Saviano o Norte é lixo", "Para Saviano o

Norte é mafioso", escreveu-se nos jornais, simplificando ao máximo o que eu havia contado no programa. Como muitas vezes acontece, é como se o dano fosse causado por quem conta, por quem revela os mecanismos, por quem recorda o passado pedindo ao país que enfrente coeso as emergências. Em vez de se perguntar por que os 'ndranghetistas procuram dialogar com a Liga, com seu partido, o ex-ministro do Interior, Roberto Maroni, exigiu o direito de réplica: exigiu e conseguiu ser recebido em nossa transmissão — depois de ter intervindo em quase todas as transmissões do grupo Mediaset e da RAI —, durante a qual leu a lista dos foragidos detidos sob o governo Berlusconi, convencido de que basta prender um chefe de clã para derrotar o crime organizado. Ignorando que é o mercado que se nutre de capitais criminosos. E isso é quase engraçado, porque desse modo o ex-ministro exigiu uma réplica às investigações dos magistrados, exigiu uma réplica à antimáfia, e perdeu uma incrível oportunidade de denunciar aquilo que, um ano depois, viria a acontecer: tudo o que eu tinha dito no programa foi confirmado pelas procuradorias antimáfia, e o tesoureiro da Liga Norte é agora investigado por relações com o crime organizado. O tesoureiro, em geral homem de confiança de um partido: homem de máxima confiança. Eu havia dito que as máfias dialogam com os poderes políticos e que no Norte, onde o poder político está nas mãos da Liga, a 'Ndrangheta dialoga com a Liga. Baseara-me nas investigações que mencionam contínuas tentativas, por parte da 'Ndrangheta, de manipular as listas eleitorais, de 'ndranghetistas que nos grampos telefônicos falam da Liga como de um partido que eles podem influenciar, acessar, gerenciar. Dialogar: termo que escolhi para contar como ninguém pode sentir-se resguardado e como não existem zonas imunes ao dinheiro criminoso e à aliança máfia-empresariado-política, pelo menos na Itália.

Mas alguns políticos foram além, naqueles dias. Mais solertes do que a própria Igreja, instrumentalizaram até a narrativa da história de amor de Piergiorgio e Mina Welby, ligada ao controvertido tema do excesso terapêutico, de como enfrentar o fim da vida diante de uma doença degenerativa como a distrofia muscular. Tentaram formar consenso desacreditando pessoas que deram força e sentido às instituições italianas. "Age de maneira tal que possas desejar que a máxima de tua ação se torne universal": nas vicissitudes de Piergiorgio e Mina, esse princípio kantiano se fez carne e suor. E defesa do direito. Rejeitando qualquer atalho, Piergiorgio e Mina pediram às instituições de nosso país civilidade, compreensão e respeito a uma sentença da Corte de Cassação,* que sancionou a possibilidade de poder escolher livremente quais tratamentos seguir ou recusar. Piergiorgio e Mina poderiam ter ido embora da Itália mas não o fizeram, transformando seus corpos em terreno para uma batalha fundamental em defesa dos direitos humanos, para sancionar o direito inalienável de cada um poder decidir livremente o tratamento ao qual deve ser submetido, aquilo que se considera tratamento e aquilo que se considera excesso terapêutico.

Talvez só diante desses testemunhos seja possível explicar a história de Sócrates e compreender, depois de ouvi-la milhares de vezes, por que ele bebeu a cicuta e não fugiu. Aquela via de fuga ignorada, ou melhor, abominada, é muito mais que uma campanha em favor de uma morte individual digna: é uma batalha em defesa da vida de todos. A luta cotidiana de Mina e Piergiorgio foi em defesa do direito, porque é claro que a vida do direito é o direito à vida. Agindo assim, eles abriram um novo caminho, demonstrando que se pode e se deve permanecer na Itália, utilizando os instrumentos que a democracia põe à disposição. Por uma vez, a

---

* A Corte Superior de Cassação é a última instância da Justiça italiana para causas relacionadas à legislação federal. Tem funções similares ao Superior Tribunal de Justiça no Brasil. (N. E.)

consciência e o direito não emigraram do nosso país. Por uma vez, as pessoas não foram embora para obter alguma coisa, ou apenas para pedi-la, não tentaram ser ouvidas em outro lugar.

Nos dias subsequentes ao programa, nos definiram como "partido da morte", contrapondo-nos ao "partido da vida", sem compreender que o nosso era o "partido da escolha". Simplificaram religião e política, tornando-as terreno de confronto, sem considerar que não havia nenhuma intenção, da nossa parte, de desacreditar uma Igreja que, na Itália, longe dos refletores, frequentemente é a única a atuar nos territórios mais difíceis, próxima das situações mais desesperadoras, a única a dar dignidade de vida aos migrantes, aos que são ignorados pelas instituições, aos que não conseguem flutuar na crise. Seria bonito se o epílogo desta história fosse que na Itália, amanhã, graças à batalha pacífica de Piergiorgio e Mina, cada um pudesse decidir, em caso de estado vegetativo, se prefere ser mantido vivo pelas máquinas durante décadas ou se quer escolher o próprio fim sem ter de emigrar. Assim como seria necessário que os doentes em estado vegetativo que optam por continuar o tratamento possam ter uma assistência digna e constante, sem que o peso recaia, como muitas vezes acontece, unicamente sobre a família. É esta a Itália do direito e da empatia que permitiria respeitar e compreender até opções diferentes das suas, uma Itália na qual seria bonito poder se reconhecer. E querer se reconhecer em um país diferente, recomeçar a partir de onde você sente que a história lhe pertence, onde lhe pertence aquela ideia de vida. Enfurecer-se pela feiura à qual o poder muitas vezes o constrange: a própria vergonha. Como ocorre a tantos napolitanos que não aguentam mais ver-se descritos cobertos de lixo, feridos por ver uma cidade atapetada de imundície. Quando estou no exterior, quando me preparo para uma coletiva à imprensa, quando estou à espera de uma entrevista, mais cedo ou mais tarde sempre me perguntam: "mas como é possível, vinte anos de lixo em Nápoles e não se resolve o problema?". Durante o programa e aqui, neste livro, tentei explicar a questão. E a cada narrativa, tínhamos a sensação de que o público deixava de ser público e se sentia cidadão. Não mais apenas espectadores, cada um isolado no seu canto, na plateia ou diante do computador. Não mais carregando, sozinhos, o desconforto de uma história triste ou a energia vital de uma bela história. Tínhamos a sensação de que algo se movia, de que havia vontade de compreender e de agir, de estar presente. Não queríamos construir uma realidade paralela, mas contar como em um teatro grego, em que tudo é parte da vida da pólis, em que há participação, identificação. Senti tudo isso durante o especial sobre o Abruzzo. No estúdio, os segundos de escuridão com a simulação do terremoto pareciam intermináveis. Um tempo longuíssimo, no qual aquele rumor crescente, o barulho do terremoto, fazia o piso tremer. Embora eu tivesse lido aquele texto muitas vezes, havia um momento, quando os jovens têm medo e não querem voltar para dormir na Casa do Estudante, em que eu não conseguia continuar, como se pudesse salvá-los através do papel. A narração não tem a capacidade de modificar o que aconteceu, mas pode transformar o que virá. É esta a sua força: quando é escutada, ela se torna parte de quem a sente como sua e por conseguinte agirá sobre o que ainda não aconteceu. Cada narração tem essa margem de indeterminação, que reside na consciência de quem escuta. Escutar uma narração e senti-la sua é como receber uma fórmula para consertar o mundo. Na Itália, porém, ainda estamos muito longe de tudo isso. Em maio de 2012, um novo terremoto atingiu a Emilia Romagna, o coração produtivo da Itália, causando danos incalculáveis e mortes que poderiam ter sido evitadas. Esta é a história de um país que tem dificuldade de aprender com os próprios erros, que não faz investimentos a longo prazo. Um país onde a única coisa que conta são as próximas eleições, sempre.

Mas, para mim, a narrativa é como um vírus para o virologista: até uma narrativa pode se tornar uma forma contagiosa que, transformando as pessoas, transforma o próprio mundo. Foi por isso que eu quis dedicar o último monólogo à Constituição italiana, ou seja, àquelas leis que são correntes de pensamento, e não letra morta. O antídoto àquilo que está acontecendo de horrendo em nosso país. Leis mantidas vivas pelo próprio ar que respiramos, pela esperança, por nossa felicidade, se conseguirmos alcançá-la, e pelos inevitáveis sofrimentos. Reza a Constituição que todos os homens têm igual dignidade, que o Estado deve remover os obstáculos que impedem o pleno desenvolvimento da pessoa humana, que a República italiana se fundamenta no trabalho, que é um direito. Que cada um deve aspirar a uma vida livre e digna e que, nisso, o Estado deve ser um suporte. São conceitos luminosos, promessas sobre as quais se fundamenta um país e que não podem ser aposentadas. Não devem ser comprometidas, pois, se existe quem delas exige contas, significa que existe quem considera essas leis as *suas* leis. Sócrates, no cárcere de Atenas, fala das leis como de pessoas vivas. Diz: "São as *nossas* leis que falam". Mas a Itália é vítima de uma maldição secular: ainda não estamos totalmente convencidos de que as leis contidas na Constituição sejam as *nossas* leis. Aqui, ainda encaramos o Estado e a legalidade com desconfiança, como se fossem um obstáculo à realização pessoal. Mas defender a Constituição é, ao contrário, defender algo que é vacina e sonho, vacina contra aquilo que não permitiremos que aconteça de novo e sonho a ser realizado através de um progresso contínuo.

NÃO SOMOS COMO VOCÊS NOS VEEM

O milagre da estranha aventura televisiva foi a audiência. Fomos dormir na segunda-feira certos de que no dia seguinte receberíamos as costumeiras acusações: ter feito um programa visto por poucos, só para fanáticos e engajados. E no entanto ocorreu algo que não podíamos prever, porque jamais tinha ocorrido. O programa bateu todos os recordes de audiência na RAI 3. Bateu o que era impossível bater: o *Grande Fratello*, os *reality shows*. Meus longos monólogos alcançaram uma audiência superior à de Inter x Barcelona, partida da Liga dos Campeões. Tal resultado era imprevisto, imprevisível. E nos desconcertou. Eu mesmo, quando me disseram, não conseguia acreditar totalmente. A aprovação que vem do público é uma cinética que o impele a superar toda forma de medo e de intimidação. Pode acrescentar adrenalina quando você está no ar, mas não é possível imaginar o que é falar sabendo que 11 milhões de pessoas estão te escutando e que outros 5 milhões o escutarão na internet. Quantos são 11 milhões de rostos? Você imagina o estádio San Paolo de Nápoles: quando criança eu o achava imenso, o lugar onde cabiam mais pessoas no mundo. Você calcula mentalmente que ele pode conter no máximo 80 mil e então, para fazer uma ideia, começa a enfileirar uma série de estádios: o Maracanã do Rio de Janeiro, o Olímpico de Roma. E percebe que a soma desses estádios e das cabeças que eles podem conter não chega nem à metade das pessoas que estão te escutando. Então você para, do contrário a ansiedade paralisa sua língua.

Mas ao tempo das lisonjas, das vertigens, segue-se o das críticas que ferem. A maior parte, de má-fé; poucas as sensatas, severas, analíticas e necessárias. Com estas últimas você aprende, com as primeiras fica apenas enojado. Mas também para isso eu estava preparado: "Qualquer bom resultado gera aborrecimento", haviam me dito. Se tivéssemos obtido um resultado medíocre, a direção-geral afirmaria ter feito a previsão certa, para tentar conter as "perdas" de um programa de pouco sucesso. Se tivéssemos obtido um resultado discreto, receberíamos uma crítica inócua, que defenderia o trabalho cultural na tevê. Mas se você chega a tantas pessoas, com um recorde tão alto, deixa todo mundo em crise, porque demonstra que é possível fazer uma televisão diferente e ter audiência. Mesmo sem gritar, mesmo sem grandes encenações, mantendo no centro de tudo a palavra. Você demonstra que o insucesso não é culpa de um público anestesiado e tolo, mas, com frequência, de quem não consegue fazer relatos estimulantes e gerar empatia.

A Itália que assistiu a esses monólogos me comoveu. A cada dia eu recebia milhares de cartas e mensagens de pessoas que declaravam simpatia e solidariedade. Homens e mulheres que queriam compartilhar uma satisfação, como um vento novo que começa a soprar. Muitas vezes me senti defendido e abraçado por uma humanidade italiana diferente, cuja força, dignidade e paixão eu tinha subestimado durante muito tempo. Naqueles momentos, o que me invadia era a sensação, em todo o meu ser, de que através daquele instrumento que muitas vezes parece inútil, a televisão, a máquina de obscurecer mentes, se concentrava um desejo de transformar, de mudar, de dizer como se encaram as coisas politicamente, de mostrar que o país é diferente de como é representado, diferente de sua classe política, diferente do desastre que está vivendo.

A ITÁLIA DAS LISTAS

O desafio inicial era narrar esta Itália diferente através de listas que seriam o arcabouço e a gramática da transmissão. Uma ideia simples, porque as listas podem conter qualquer coisa, qualquer experiência, qualquer história. Também por isso a participação do público foi superlativa: todos pensaram em uma lista própria e, através do Facebook e do site, chegaram milhares delas ao programa. Belas, divertidas, dramáticas. Lembrei-me da cena do filme *Manhattan* na qual Woody Allen, deitado no sofá, imagina "uma narrativa sobre pessoas doentes, que continuamente criam para si mesmas problemas inúteis e neuróticos porque isso as impede de se ocupar dos mais insolúveis e aterrorizantes problemas universais". Como antídoto, Allen pensa em algo otimista: uma lista das coisas pelas quais vale a pena viver. É claro que isso é um expediente, o doente crônico é ele e a lista otimista serve — a ele e só a ele — para subtraí-lo dos problemas inúteis e neuróticos aos quais está aprisionado. Woody Allen cita Groucho Marx, Joe Di Maggio, o segundo movimento da sinfonia *Júpiter* de Mozart, Louis Armstrong, *A educação sentimental* de Flaubert, os filmes suecos, Marlon Brando, Frank Sinatra, aquelas incríveis maçãs e peras pintadas por Cézanne, os caranguejos do restaurante Sam Wo e o rostinho de Tracy. Uma lista leve, que vale mais do que um guia moral para os perplexos.

Sempre fui atraído por listas. Um dia, gostaria de escrever livros de listas. E tenho certeza de que a lista das coisas pelas quais vale a pena viver é um exercício fundamental para lembrarmos aquilo de que somos feitos. Uma Constituição de nós mesmos. Eu gostaria de passar o tempo escutando o que as pessoas escrevem, as dez coisas que dão sentido à vida delas. Gostaria de poder lê-las no programa. Mas sempre convém saber poupar as palavras. Aqui, porém, tenho o papel à minha frente, e ele nunca nega fogo. Infelizmente e por sorte. Eis minha lista. Eis as dez coisas pelas quais, para mim, vale a pena viver:

1) A mozarela de búfala de Aversa;
2) Bill Evans tocando "Love theme from *Spartacus*";
3) Ir com a pessoa que você mais ama ao túmulo de Rafael Sanzio e ler para ela a inscrição latina que muitos ignoram;

4) O gol de Maradona no 2 x 0 contra a Inglaterra na Copa do México em 1986;

5) A *Ilíada*;

6) Passear de fones de ouvido por aí, escutando Bob Marley cantar "Redemption song";

7) Mergulhar, mas bem no fundo, onde o mar é mar;

8) Sonhar com a volta para casa depois de ter sido obrigado a ficar longe por muito, muito tempo;

9) Fazer amor em uma tarde de verão. No Sul;

10) Depois de um dia em que criaram um abaixo-assinado contra você, ligar o computador e encontrar um e-mail do seu irmão dizendo: "Estou orgulhoso de você".

Junho de 2012

PARTE I
VIENI VIA CON ME

1. Juro

Tenho nas mãos uma bandeira italiana. A primeira bandeira italiana, antes que em seu centro fosse costurado o escudo da Casa de Saboia. Gosto de tê-la entre os dedos porque me parece algo mais que um símbolo. Todas as bandeiras são símbolos, símbolos nos quais os povos se reconhecem. Mas esta bandeira não é só um símbolo, um objeto que serve para representar a unidade do país. Esta bandeira, gosto de lembrar isso, sobretudo por minha condição de meridional, também representa a ideia de um país nascido de um sonho. É o rastro de um sonho. Por trás do sangue, das ações, dos personagens, das datas, nós italianos temos uma sorte: à diferença do que aconteceu na Espanha, na França, na Alemanha, a unidade da Itália foi um sonho, e não um simples projeto, não só um pacto entre nobres. Na cabeça de Mazzini, nas lições de Pisacane, no sonho de centenas de milhares de pensadores republicanos, de unitaristas, a Itália unida não era apenas o agrupamento de regiões geograficamente vizinhas, nem tampouco, como aconteceu em outros países, um projeto de aristocracias ou de grupos de poder. Na cabeça daqueles homens, a unidade da Itália era a única condição para emancipar da injustiça o povo italiano, depois de três séculos de dominação estrangeira. O caminho só podia ser a unidade, e por isso, para eles, esta bandeira se tornou o símbolo da possibilidade de se emancipar do sofrimento, da miséria, da injustiça. Esse era o sonho deles.

É evidente que a grande idiotice que estamos escutando nestes anos, segundo a qual cindir o país seria um modo de torná-lo mais forte, não é só um discurso míope: é também historicamente insustentável. Se olharmos o mapa da Itália pré-unitária, o Reino da Sardenha, o Reino saboiano, seria uma pequena casa real submetida à França. Seria a periferia francesa. E o que seria o Lombardo-Vêneto, se não a periferia austríaca? E o Estado pontifício, no centro? Um Estado simbólico. Sem a unidade da Itália, voltaríamos a ser, inclusive hoje, a periferia de alguém. A centralidade e a unidade do país tinham outro ideal, outro projeto: "Decidamos nós mesmos o nosso destino". Quem hoje imagina cindi-lo não faz senão recuar, enfraquecer-nos, destruir aquilo que foi um grande sonho: a possibilidade de desenhar um destino diferente, o sonho de ver a união do Friuli e da Calábria em uma só língua, um só sangue, uma só pátria.

No início do processo unificador, pairava a esperança de que a Itália conseguiria libertar-se sozinha, sem a ajuda das potências estrangeiras. Acreditava-se que o Sul, a região mais distante das guarnições austríacas do Lombardo-Vêneto, fosse o lugar de onde poderia partir o impulso por uma Itália unida e republicana. Afinal, em Nápoles acontecera, em 1799, a única verdadeira revolução jacobina da Itália. De Nápoles haviam partido os ideais da Revolução Francesa: Antonio Genovesi, Gaetano Filangieri e o abade Galiani tinham inspirado os revolucionários franceses, de Marat a Danton. Não por acaso, três jacobinos napolitanos são considerados os primeiros mártires do Risorgimento: Vitaliani, Galiani e De Deo.

Também me lembro com frequência dos mártires calabreses Michele Bello, Rocco Verduci, Gaetano Ruffo, Domenico Salvadori, Pietro Mazzoni. Tinham entre 23 e 28 anos. Todos se formaram em Nápoles, onde haviam estudado direito. O avô de Verduci foi um dos fundadores da República Partenopeia.

São cinco nomes quase desconhecidos, cinco jovens mortos antes dos trinta anos pelo sonho de fazer a Itália unida, partindo do Sul. São os mártires de Gerace, na Locride, onde em 1º de outubro de 1847 foram condenados à morte por terem conduzido a revolta que, nos primeiros dias de setembro, havia inflamado a zona. No dia seguinte a sentença foi executada e os corpos dos cinco patriotas lançados na "*lupa*", a fossa comum, em sinal de desprezo. O processo que resultou nas condenações foi sumário, decidido de antemão, passível de alteração apenas se algum dos rapazes se dispusesse a trair, a dar os nomes de outros insurretos. Mas nenhum deles traiu. Assim como muitos outros, também jovens, não traíram, e preferiram se suicidar na prisão. Por vezes, a polícia, acompanhando os condenados ao patíbulo, fazia-os passar abaixo das janelas de suas casas, na extrema tentativa de levá-los a confessar, dizer os nomes dos companheiros, em troca da vida. Andrea Vochieri, um advogado de Alessandria, e Amatore Sciesa, o tapeceiro milanês que ao passar por sua casa disse aos policiais "*Tiremm' innanz*" (vamos em frente), são só alguns dos nomes daqueles que não cederam.

É incrível que a cisão do país seja hoje a solução para seus problemas. A continuidade daqueles ideais reside, ao contrário, em pensar que somos melhores do que nossa classe política, que o país tem vontade de ser redesenhado, que tem vontade de fazer, que os talentos querem finalmente emergir, que se deseja não mais pensar que os melhores chegam por último, e sim sonhar que os melhores chegarão primeiro. Significa sonhar com o ideal que foi o dos unitaristas. Acariciar a ideia de construir esta Itália significa sermos verdadeiramente herdeiros daquele que foi o pensamento da unidade italiana.

É o oposto das balelas que a Liga sustenta, quando afirma que o Sul é um peso para o Norte. Ou quando, por exemplo, dá o nome de Carlo Cattaneo ao centro de pesquisas. A tarefa da Fondazione Amici di Carlo Cattaneo — criada em Besozzo, na província de Varese, e cujo presidente honorário é o senador Umberto Bossi — é a de valorizar os documentos inéditos produzidos por Carlo Cattaneo durante seu exílio em Castagnola, no Luganese, entre 1848 e 1869. Mas a tradição federalista italiana, de Cattaneo em diante, é totalmente oposta ao federalismo egoísta da Liga. O federalismo de Cattaneo era solidário, estabelecia um nexo entre bem-estar e autogoverno cidadão. Seus modelos eram a Confederação Helvética e os Estados Unidos: para ele, as pequenas comunas eram a "espinha dorsal" da nação e constituíam "a nação no mais íntimo asilo de sua liberdade". Nem mesmo quando a Itália nasceu, em 1861 — e nasceu monárquica e centralista —, nem mesmo naquele momento o republicano e federalista Cattaneo pensou em falar de secessão.

Talvez eu seja privilegiado porque nasci de pai napolitano e mãe de origem lígure. Tenho sangue do Sul e sangue do Norte. Cresci com as lembranças mazzinianas do meu avô Carlo e as narrativas bandoleiras do meu avô Stefano. Com frequência meus antepassados pagaram por seus ideais. Mas da tradição oral de minha família chegou a mim, como um acalanto, o juramento que os rapazes prestavam quando se tornavam membros da Giovine Italia. Gosto de recordá-lo porque ele encerra em suas palavras o compromisso, o sonho e o sacrifício dos jovens que fizeram a Itália, que não podem ser cancelados pelos gritos secessionistas, pela superficialidade, pelas várias Padânias e pelos camisas-verdes. Nem pelo egoísmo de quem crê que a unidade é um dano e não uma vantagem para todos.

Eu dou meu nome à Giovine Italia, associação de homens crentes na mesma fé.

Juro invocar sobre minha cabeça a ira de Deus, a abominação dos homens e a infâmia do perjuro, se eu trair em tudo ou em parte meu juramento.

Juro me submeter às instruções que serão transmitidas a mim, no espírito da Giovine Italia, por quem representa comigo a união dos meus irmãos, e conservar inviolados os segredos, inclusive ao preço da vida.

Juro me consagrar inteiro e para sempre a constituir com eles a Itália em nação una, independente, livre, republicana.

2. A máquina da lama

De um tempo para cá, tenho vivido uma espécie de obsessão, uma obsessão que diz respeito à máquina da lama, o mecanismo pelo qual é possível difamar qualquer pessoa. E tenho essa obsessão porque nasci em uma terra onde quem quer que tenha decidido confrontar o crime organizado sempre sofreu essa espécie de deslegitimação total. Até mesmo quem é assassinado, quem morreu e caiu porque contrariou as máfias, é difamado. E por conseguinte sou sensível, tenho como que o nervo exposto a esse mecanismo.

Sinto que a democracia está literalmente em perigo. Pode parecer exagero, mas não é. A democracia está em perigo no momento em que, se você se manifesta contra certos poderes, se se apresenta contra o governo, o que o espera é o ataque de uma máquina que lhe cobre de lama: um ataque que parte de sua vida privada, de fatos minúsculos de sua vida privada, que são usados contra você.

Há uma diferença entre difamação e investigação. A investigação recolhe uma multiplicidade de elementos para mostrá-los ao leitor. Os jornalistas sonham ter o máximo possível de informações para poder aprofundar, para poder encontrar elementos que demonstrem, esclareçam, defendam. A difamação, ao contrário, tira um elemento do contexto, uma coisa privada que não tem relação alguma com a coisa pública, e usa-o contra a pessoa que se decidiu difamar. A democracia está em perigo na medida em que você, quando liga o computador para escrever seu artigo, pensa ao mesmo tempo: "Amanhã me atacarão dizendo coisas que não têm nada a ver com a vida pública, nada a ver com um crime cometido". Você não fez nada de mau, mas usarão sua privacidade contra você, obrigando-o a se defender. Então, quer seja prefeito, assessor, médico, jornalista, antes de criticar você reflete um pouco. Quando isso acontece, a liberdade de imprensa começa a se deteriorar, a liberdade de expressão começa a se deteriorar.

É óbvio que a Itália não é a China nem uma ditadura fascista; ninguém é preso por causa daquilo que escreve. Mas a confusão entre difamação e investigação é um método. É o modo que os difamadores usam para se defender. O objetivo é poder dizer: "Somos todos iguais". No fundo, o mecanismo da máquina da lama é este: poder dizer "Vocês também fazem isso", "Todos nós fazemos". E esse método funciona muito bem, pois no fundo é o que as pessoas querem ouvir. Porque, se somos todos iguais, ninguém precisa se sentir melhor que os outros, fazer alguma coisa para ser melhor. A máquina da lama quer dizer que todos temos as mãos sujas, somos todos iguais.

A força da democracia é a multiplicidade. Mas, infelizmente, o instinto que está emergindo no país é o que afirma que somos todos iguais, todos idênticos, todos somos a mesma coisa. É aqui que a máquina da lama vence. Convém saber enxergar as diferenças. A diferença é aquilo que a máquina da lama não quer que o espectador, o leitor, o cidadão intua. Uma coisa é a debilidade que todos temos, outra é o crime. Uma coisa é o erro, outra a extorsão.

Os políticos podem errar, significa que agem. Mas uma pessoa que erra é bem diferente de uma pessoa corrupta.

Na realidade, diante da máquina da lama não é preciso responder: "Nós somos melhores". É necessário dizer: "Nós somos diferentes". É preciso sublinhar a diferença, não lançar tudo no mesmo caldeirão. Assinalar, por exemplo, que a privacidade é sagrada, é um dos pilares da democracia — poder declarar o próprio amor à pessoa que se ama sem que ninguém escute. Muitas vezes penso nesse exemplo para compreender os limites invadidos pela observação, pela fofoca que se torna instrumento do poder para chantagear: imagino o que significaria uma pessoa ser fotografada quando está no banheiro. Todos vamos ao banheiro, todos nos sentamos no vaso, não há nada de errado nisso. Mas se um sujeito é fotografado nesse gesto universal e tem a foto divulgada, sua credibilidade se perde, pois as pessoas que ele vier a encontrar — seus vizinhos, seus ouvintes, caso sua atividade seja pública —, sempre vão se recordar daquela foto, daquela imagem. E no entanto o sujeito não fez nada de mau.

É importante compreender que existem limites que são o fundamento da democracia. Uma coisa é uma declaração de amor, outra é lançar a candidatura de suas amigas porque elas lhe agradam, e assim acabar como possível vítima de chantagens e extorsões. Isso deixa de ser privado porque passa a ter influência na vida de todo o país. A primeira, a privacidade, é vontade de viver; a segunda é abuso de poder. É fundamental estabelecer a diferença, pois o objetivo da máquina da lama é justamente dizer que é tudo a mesma coisa. E, principalmente, baixe o olhar, não critique, deixe que vença o mais esperto e, se criticar, o que o espera é isto: toda a sua privacidade se tornará pública.

O que acontece na Itália quando alguém cria aborrecimentos a quem comanda? Ativa-se uma máquina feita de dossiês, de jornalistas coniventes, de políticos vigaristas que procuram, através da mídia e de chantagens, deslegitimar os rivais. Eu poderia revelar muitas coisas. A história do apartamento do presidente da Câmara, Gianfranco Fini, em Montecarlo, que teve início quando ele começou a divergir de algumas posições de seu partido. Mas onde estava o crime? Era um gesto deselegante, inoportuno. Mas não havia crime. Poderia contar a história de Dino Boffo, o diretor do jornal católico *Avvenire*, que timidamente havia começado a criticar a conduta de Berlusconi. A máquina da lama deu a entender que estava em posse de um documento de natureza judicial que dizia: "Conhecido homossexual sob atenção da polícia". Mas qual era o crime, a homossexualidade? Eu poderia contar que a suposta homossexualidade de Stefano Caldoro se tornou a arma usada por Nicola Cosentino, seu colega de partido, para lhe tomar o posto de candidato a governador da Campânia.

Como é imaginável que a homossexualidade seja considerada um crime? Como é possível pensar em utilizá-la como deslegitimação? Na realidade, essa desinformação é mais do que a simples calúnia, que age sobretudo contra os inimigos. A desinformação visa a destruir as vítimas no campo dos amigos, é usada como punição, para obrigá-lo a se defender perante seus familiares, a dizer coisas que nada têm a ver com sua atividade pública. Semeia dúvidas e insinua suspeitas que justamente os amigos devem temer. Seja qual for seu estilo de vida, seja qual for seu trabalho, seja qual for seu pensamento, se você se posiciona contra certos poderes, estes sempre responderão com uma única estratégia: deslegitimá-lo.

Essa máquina da lama não nasceu hoje, trabalha há tempos. Eis por que eu gostaria de contar a história de um homem que foi atacado pela máquina da lama, resistiu a ela e só foi detido pelo TNT. Esse homem se chamava Giovanni Falcone.

Em 1983, Rocco Chinnici, um magistrado antimáfia, é assassinado. Um homem corajoso, também vítima de deslegitimação:

24 horas depois de sua execução, disseram que ele havia sido morto por motivos sentimentais. Em consequência desse homicídio, a Promotoria de Palermo passa às mãos do juiz Antonino Caponnetto, que decide criar uma força-tarefa antimáfia composta por magistrados que se ocupem, em tempo integral e de modo exclusivo, de processos contra a máfia. São chamados a constituí-lo Giovanni Falcone, Paolo Borsellino, Giuseppe Di Lello e Leonardo Guarnotta. Essa força-tarefa muda para sempre a história judiciária mundial, porque consegue enfrentar a questão criminal não só como uma questão de segurança, mas também como elemento da economia ocidental. Eles a enfrentam, estudam-na, compreendem seus códigos e conseguem finalizar o maior processo que já se instruiu contra a máfia, o chamado maxiprocesso: dezenove prisões perpétuas para todos os componentes da cúpula e 2665 anos de cárcere para 339 imputados. Em suma, graças a essa força-tarefa, a Itália descobre que tem as provas formais definitivas da existência da Cosa Nostra.

O trabalho dos magistrados é intenso e muito arriscado, e por isso se mobiliza um forte aparato de proteção, que é criticado pelos jornais. Atacam a força-tarefa e atacam Giovanni Falcone. Em vez de se orgulhar dela, isolam-na. As pessoas têm medo ou, pior, ficam aborrecidas com essa guerra travada em sua cidade. A exibição de forças é vista como algo incômodo, e os cidadãos parecem julgar o que está acontecendo como uma espécie de luta privada entre Falcone e a Cosa Nostra.

Uma carta é enviada ao *Giornale di Sicilia*, em abril de 1985, por uma leitora que reclama da confusão gerada pelas medidas de segurança tomadas para proteger os magistrados:

> Regularmente, todos os dias (incluindo os sábados e domingos), de manhã, durante a hora do almoço, no início da tarde e à noite (sem limite de horário), sou literalmente "assediada" por contínuas e

ensurdecedoras sirenes de viaturas policiais que escoltam vários juízes. Então, pergunto: é admissível que não se possa, eventualmente, descansar um pouco no intervalo de trabalho ou, pelo menos, assistir em paz a um programa de televisão, já que, mesmo com as janelas fechadas, o barulho das sirenes é muito forte? Dirijo-me ao jornal para perguntar por que não constroem, para esses "egrégios senhores", umas casinhas na periferia da cidade.

Casinhas na periferia da cidade. Afinal, por que vocês não vão travar sua luta ali, fora da cidade? Essa senhora não é mafiosa, mas considera a luta contra a máfia uma coisa inútil. No fundo, obedecer à máfia é facílimo: se não a contrariar, você tem o que ela lhe promete. Com o Estado é mais complicado: muitas vezes você não tem o que o direito deveria lhe dar, e é mais difícil submeter uma vida a princípios de legalidade, sobretudo no Sul. Imediatamente, Falcone e a força-tarefa se veem sob ataque. Falcone é acusado de ser um carreirista, alguém que faz aquilo que faz em benefício de seu poder pessoal. O mesmo *Giornale di Sicilia* escreve, em 1986:

> As cômicas figuras de estranhos juízes que povoam o proscênio judiciário dos nossos tempos: o juiz que, usando colete à prova de balas, pistola em punho, plana com seu helicóptero, apreende milhares de documentos e depois desaparece no horizonte como cavaleiro sem mácula [...] aquele que à frente de dezenas ou centenas de soldados, não sem ter tomado o cuidado de que os jornalistas fossem avisados de antemão, despenca nos locais da blitz do dia [...] ou, ainda, o juiz que oferece passaporte ou outras facilidades ao defensor, desde que o constituinte deste se decida a colaborar. [...]
> Mas esses são verdadeiros juízes? [...] Se, em vez de arrancar uma Alfetta blindada cantando pneu, circundado por telecâmeras e refletores, o juiz figurar sentado sozinho debruçado sobre as brochu-

ras dos códigos, cuidando para que no processo sejam respeitadas as regras, ou seja, os direitos das partes, o pobre magistrado não gozará de publicidade e nem sequer, coitado, de méritos e reconhecimentos oficiais.

É importante recordar essas palavras porque hoje há uma tendência a pensar que Giovanni Falcone foi apoiado desde o primeiro momento de sua luta. Na realidade, nunca foi, exceto por muito poucos. Quem se insurge contra as máfias, e sobretudo quem tem o talento de Falcone, vê-se diante da costumeira acusação: "Você faz isso em seu próprio interesse, faz isso porque se sente superior a nós". Mais uma vez o *Giornale di Sicilia*, em novembro de 1986, destaca: "Quando a luta contra a máfia se torna um grande espetáculo".

Até um intelectual como Leonardo Sciascia caiu nesse equívoco. Em dezembro de 1986, Paolo Borsellino é eleito procurador de Justiça de Marsala, derrotando o outro candidato, Giuseppe Alcamo. O profissionalismo de Borsellino, demonstrado no maxiprocesso, prevalece sobre a antiguidade de Alcamo. É uma decisão forte, que vai contra o consolidado costume da magistratura no sentido de atribuir os cargos seguindo o critério da antiguidade. O fato não passa em branco. Poucos dias depois, sai no *Corriere della Sera* um artigo de Sciascia intitulado "Profissionais da antimáfia", no qual o escritor assume uma postura crítica diante daqueles que se distinguem graças ao empenho contra a Cosa Nostra, julgando tal fenômeno uma espécie de carreirismo. "Profissionais da antimáfia" se torna uma espécie de manifesto para os que, a partir daquele momento, se lançam contra a força-tarefa. Mais tarde, Sciascia reconheceria a miopia de sua análise, declarando ter sido mal informado. O perigo que ele havia vislumbrado era o de uma batalha antimáfia que pudesse ser apenas formal, vazia de conteúdo.

Eis o que foram obrigados a sofrer durante anos, longos anos,

Falcone e os outros membros da força-tarefa. Uma cena que sempre me impressionou é a do dia em que Antonino Caponnetto se aposenta. Seu sucessor natural como dirigente da Promotoria de Palermo seria Giovanni Falcone. Antonino Meli, procurador-geral em Caltanissetta, um profissional em final de carreira, também apresenta sua candidatura. Um homem de bem, indiscutivelmente, mas sem o talento e a força de Falcone. De novo, como no caso de Borsellino em Marsala, trata-se do mérito, conquistado em campo, contra a antiguidade no serviço. Desta vez, porém, a vitória não é dada ao melhor candidato: catorze votos para Meli, dez para Falcone. Cinco abstenções. A decepção de Falcone e dos que o apoiavam é enorme. O confronto não é entre dois homens, mas entre dois modos de encarar a máfia. Falcone sabe que o adeus de Caponnetto é o fim da força-tarefa, e naquele dia não consegue conter as lágrimas. Chora em público, pois não aguenta pensar que tudo o que eles haviam feito, os tombados, os policiais civis e os *carabinieri* mortos, tudo estava acabando em uma escolha burocrática.

Essa exautoração interna enfraquece Falcone e contribui para o desencadeamento da deslegitimação externa. Os magistrados antimáfia são vistos sob a ótica de superastros de capa de revista. Falcone é definido como supermagistrado, superescoltado, mito, fenômeno, Falconcrest. Atribuem-lhe "perigosas tendências políticas de esquerda" e acusam-no de facilitar o caminho para os comunistas.

Assim começa um martelar que tem seu clímax em Addaura. No verão de 1989, Falcone passa as férias nessa pequena localidade marítima, vizinha a Palermo. Está investigando a lavagem de dinheiro da Cosa Nostra. Em 20 de junho, um agente da escolta encontra uma bolsa cheia de explosivos escondida entre os recifes onde o magistrado costuma tomar banho de mar: fica imediatamente claro que se trata de uma tentativa de atentado. Falcone não se surpreende, já esperava por isso. Sabe que está isolado e que, quanto mais sozinho estiver, mais sua vida corre perigo. Contudo, o atentado falho também se torna pretexto para a difamação: nos salões de Palermo, dirão que ele mesmo mandou instalar a bomba, a fim de chamar a atenção sobre si para fazer carreira. Dirão: a máfia não erra, a máfia não avisa, mata e acabou-se. Ou seja, foi você mesmo quem armou o atentado.

Falcone conhecia bem a Itália e o mecanismo segundo o qual, se a máfia não mata, se o atentado falha, corre-se o risco de perder a credibilidade. Sabia que na Itália só a morte pode legitimar uma pessoa. Eis o que lhe perguntam em um programa de tevê apresentado por Corrado Augias: "O senhor diz em seu livro que, na Sicília, a pessoa morre por estar só. Já que, felizmente, o senhor ainda está entre nós, quem o protege?". Falcone responde: "Quer dizer que, neste país, para ser confiável é preciso estar morto? Este é o afortunado país no qual, se plantam uma bomba embaixo de sua casa e, por sorte, ela não explode, a culpa é sua, que não a fez explodir".

Tais palavras provocam arrepios. Porque são verdadeiras. O país afortunado, pretende dizer Falcone, é o país um tanto superficial que pensa poder falar de tudo e facilmente liquidar tudo: se querem matá-lo, matam. Então Falcone se vê isolado, porque enquanto isso a Cosa Nostra se fortalece cada vez mais, engorda e deixa o trabalho sujo para os colegas invejosos, para a sociedade civil, para quem não suporta o que Falcone está fazendo, ou seja, tornar a batalha contra as máfias uma batalha *cultural*. Então fica muito fácil, é como sair no sábado à noite, ver alguém caído no chão e dizer: "Bem-feito, ele mereceu, está bêbado, está drogado". E você não se sente no dever de ajudá-lo, porque, se fizer isso, vai estragar sua noite de sábado. De igual modo, é melhor afirmar que essas pessoas visam a fazer carreira, que quem se ocupa dessas coisas faz isso por dinheiro ou para ter mais glória. Melhor. Porque, se acreditar que elas estão fazendo a coisa certa, se acreditar no talento delas, então você deve segui-las. E, se não fizer isso, torna-se cúmplice. Eis o afortunado país, onde, se não morrer, você é culpado por estar vivo.

O verão de 1989 é o "verão dos venenos". Depois da desconfiança demonstrada em relação ao atentado de Addaura, tornam-se públicas seis cartas anônimas do "Corvo", dirigidas a diversas figuras institucionais. Uma dessas cartas é para Achille Occhetto, então secretário do PCI, que é alertado contra o vira-casaca do Falcone. A acusação, aqui, é a de que ele é um vendido: "Giovanni Falcone, para usar um eufemismo, até hoje tapeou você fazendo-o acreditar que ele é um paladino da antimáfia, ao passo que se revelou um medíocre oportunista. [...] Em suma, Falcone se vendeu por uma vaga de promotor adjunto".

Sim, Falcone se tornou promotor adjunto em Palermo, mas sua vida virou um inferno. As cartas do "Corvo" chegam com regularidade mensal, para tentar atiçar ainda mais a raiva. Na Promotoria, ele é obrigado a ficar na sala de espera. Quando você trabalha na mesma repartição e precisa falar com seu chefe, basta bater e entrar, se houver uma relação de colaboração. Quando, ao contrário, é deixado de lado, você precisa ser anunciado pela secretária e esperar com os advogados, que talvez sejam os defensores das mesmas pessoas que você está submetendo a processo. Todos o veem ali, esperando horas, até ser recebido pelo procurador-chefe. E isso significa comunicar que a Promotoria já não age como Falcone, tem outras prioridades.

Confiam a Falcone processos de pouca importância. Seus ex-apoiadores sicilianos criticam os métodos utilizados por ele nas investigações, e sua atuação é interpretada como uma traição, uma renúncia a investigar sobre o "terceiro nível", o nível político do poder mafioso. Ele é acusado de engavetar os documentos que levariam os homicídios de destaque à resolução. Se, na época da força-tarefa de Palermo, acusavam-no de ser amigo dos comunistas, agora Falcone é carimbado como amigo de Andreotti. Em Roma, há quem afirme que ele já não combate na primeira linha. Em 29 de outubro de 1991, o jornalista Lino Jannuzzi comenta a candidatura de Falcone à chefia da Direção Nacional Antimáfia definindo-o como "um dos principais responsáveis pela debacle do Estado diante da máfia":

> A partir de hoje, ou de amanhã, devemos nos precaver de duas "Cosa Nostra": a que tem sua cúpula em Palermo e a que está prestes a se instalar em Roma. E será prudente manter o passaporte ao alcance da mão.

Saem artigos que estigmatizam Falcone, "agora mais empresário que magistrado". Apontam sua excessiva presença na tevê. Em suma, não perdoam o fato de ele ser personagem público. Atacam só os comportamentos, não os fatos. Sandro Viola o chama de "canastrão televisivo"...

Os ataques da esquerda se tornam mais violentos quando, em março de 1991, Falcone é convocado a Roma pelo ministro da Justiça, Claudio Martelli, para assumir o cargo de diretor de Assuntos Penais: agora, não é só amigo de Andreotti, mas também dos socialistas. Agora está no palácio do poder, é o "conselheiro do príncipe". E isso incomoda porque, com o suposto comprometimento das instituições com a política, a independência da magistratura estaria em perigo. Obviamente Falcone sabia tudo sobre a história da democracia cristã, das relações com a Cosa Nostra na Sicília. Mas aceita do mesmo jeito o cargo em Roma, porque sua função é técnica, e não política. Falcone confia nas instituições e sabe que, se a instituição é forte, é mais forte que a política, é a própria fiadora da democracia. Então continua fazendo o que sabe fazer: servir ao Estado, ou seja, permitir que o Estado construa uma repartição que coordene a luta contra o crime organizado.

Mas a esquerda o massacra: você está colaborando! Em 26 de setembro de 1991, durante uma apresentação especial dos programas televisivos *Samarcanda* e *Maurizio Costanzo Show* em homenagem a Libero Grassi, o advogado Alfredo Galasso, penalista palermitano que combatia na mesma frente antimáfia de Falcone, ataca-o justamente quanto a esse tema:

> GALASSO: Em minha opinião, Giovanni Falcone deveria ir embora dos palácios ministeriais o mais depressa possível, porque me parece que o ar não lhe faz bem.
> FALCONE: Esta é uma opinião subjetiva, significa falta de senso de Estado.
> GALASSO: Pelo contrário, acho que é senso de independência e de autonomia da magistratura.
> FALCONE: O posto que ocupo é previsto para magistrados, não tem nada a ver com a independência da magistratura. Em qualquer país do mundo existe um Ministério da Justiça, em qualquer país do mundo existem magistrados que estão no ministério. Você está confundindo independência com irresponsabilidade e arbítrio.
> GALASSO: Independência, para mim, é um fato muito concreto: não ter de responder a ninguém, nem antes, nem durante, nem depois.
> FALCONE: O problema é este: quem é independente deve sempre responder.
> GALASSO: Os magistrados, não.
> FALCONE: Como assim? Existe uma lei muito clara sobre a responsabilidade civil, e você diz não?
> GALASSO: Os magistrados respondem ao povo, em cujo nome administram a justiça, e para isso existe um órgão soberano como o Conselho Superior da Magistratura, que, em nome do povo, deve garantir essa independência. De qualquer modo, Giovanni, não me agrada que você esteja dentro do palácio do governo, não me agrada.

O advogado Galasso é um homem de bem. Expressa o que a esquerda pensava, e às vezes ainda pensa: é colaboracionista, aquele que permanece nas instituições e tenta reformá-las. A pureza foi o mais amplo espaço concedido aos inimigos da democracia e às organizações criminosas. "Eu sou puro, não me sujo." Mas, com isso, deixaram Falcone sozinho. Ele se volta para o outro lado com amargura e deixa para lá. Um homem de Estado sabe que aquela é sua tarefa: a instituição. A política, aqui, não tem nada a ver. Em Roma, Falcone trabalha no projeto da Superpromotoria, na criação de um organismo de coordenação para as investigações antimáfia em todo o território nacional. Servirá para construir a Promotoria Nacional Antimáfia, que existe até hoje, pois Falcone, que era um grande intelectual e não só um grande magistrado, havia compreendido que a luta contra as máfias se vence no plano nacional e internacional, e não no plano local.

Também nisso o atacam, continuam a acusá-lo de não ser independente da política e de ter sido nomeado só porque é famoso. *Il Resto del Carlino* sai com a manchete: "Falcone, uma fama usurpada". E escreve: "Inconfiável e dependente de Martelli. [...] Foi apenas um componente (o mais famoso) da força-tarefa antimáfia de Palermo. [...] Falcone se limitou a assinar. A pronúncia dos indiciados no maxiprocesso é obra dos chefes". Em suma, dizem a ele: você não é nem sequer competente, é apenas famoso.

Qual havia sido um dos pontos fortes da força-tarefa? Comunicar. Eles faziam uma grande blitz e falavam dela aos jornais. Havia a possibilidade de comunicar, e Falcone fazia isso. Não lhe perdoaram que essas histórias não fossem relegadas ao espaço obscuro das Promotorias, à crônica local, mas que chegassem a todos. Certa vez, contou Paolo Borsellino, Falcone disse: "Tenho a sensação de que as pessoas torcem por nós, de que as coisas estão mudando". Foi isso que não lhe perdoaram.

Há um episódio que explica melhor do que qualquer outro o

estado de espírito de Falcone durante aquele período. Aconteceu no dia de sua morte, em 23 de maio de 1992. Falcone está no carro, com a mulher e o motorista, na estrada que leva do aeroporto de Punta Raisi a Palermo. Estão voltando de Roma a fim de ir a Favignana para ver a "matança" do atum. Falcone gosta de dirigir e dessa vez é ele quem está ao volante, com um veículo de escolta à frente e outro atrás. O motorista diz: "Doutor, depois me dê a chave do carro, senão o senhor acaba levando-a para casa". Falcone está tão absorto que tira a chave da ignição, desligando o automóvel. O veículo para de repente. "Assim, vamos morrer", diz o motorista. Enquanto isso, o mafioso Brusca, pensando que eles haviam percebido alguma coisa, aperta antecipadamente o controle remoto para acionar a bomba. Quinhentos quilos de TNT desintegram o primeiro veículo, o da escolta. O segundo é lançado contra a pista, que se elevara com a explosão. Somente o motorista se salvará, e é por ele que sabemos os detalhes dos últimos instantes da vida de Falcone.

Pela primeira vez, as críticas cessam. A morte de Falcone extingue as polêmicas. Ele vira um herói. Como se a morte fosse a única prova possível da autenticidade de sua luta contra a máfia. Mas nós não devemos esquecer. Não devemos esquecer que o caluniaram, que o deslegitimaram. Quando percebemos que o poder deslegitima, não podemos cair na armadilha. Basta dizer: "Isto é lama, não me interessa, estou fora".

Em uma entrevista ao *La Repubblica* por ocasião dos dez anos da morte de Falcone, a promotora de Milão Ilda Boccassini recordou o quanto ele foi hostilizado em vida e exaltado depois da morte:

> Não houve homem na Itália que tenha acumulado em sua vida mais derrotas que Falcone. [...] Rejeitado como conselheiro instrutor. Rejeitado como procurador de Palermo. Rejeitado como candi-

dato ao Conselho Superior da Magistratura, e também seria rejeitado como procurador nacional antimáfia, se não tivesse sido assassinado. [...] No entanto [...] a cada ano se celebra a existência de Giovanni como se ela tivesse sido premiada por reconhecimentos públicos ou apreciada em sua excelência. Outro paradoxo. Não houve homem cujas confiança e amizade tenham sido traídas com mais determinação e malignidade.

Essas palavras não deveriam sair nunca mais de nossa mente. Pelo menos, do meu coração nunca saíram. Porque é importante recordar o que foi feito contra um talento, e recordar sobretudo quando as coisas vão mal, quando pensamos que não vamos conseguir, quando temos a sensação de que os piores sempre progridem, quando hesitamos em dar um passo à frente por medo de nos tornarmos alvos da máquina da lama. Nesses momentos difíceis, eu penso no talento e na força de Giovanni Falcone, um homem que, apesar das derrotas, apesar das traições, jamais deixou de acreditar na força do direito. O sonho de uma Itália diferente era a energia que o fazia sentir-se vivo. Todos os amigos e os jornalistas que se aproximaram de Falcone dizem que ele adorava viver, queria viver. Mas sabia que só se pode ser feliz se os outros também puderem ser. E que o direito é a única premissa para a felicidade.

3. A 'Ndrangheta no Norte

Conta-se que por volta de 1412 três cavaleiros espanhóis, Osso, Mastrosso e Carcagnosso, que pertenciam a uma associação secreta de Toledo, fugiram da Espanha depois de lavar em sangue a honra de uma irmã violada por um fidalgote prepotente. Embarcaram em um navio e chegaram a Favignana, ao largo de Trapani, uma ilha perfeita para se ocultar, em virtude de suas incontáveis grutas. Ficaram ali 29 anos, escondidos nas vísceras da terra, mas nesse longo período se empenharam em definir os códigos que deveriam permanecer desconhecidos aos olhos dos profanos e que viriam a ser as "tábuas da lei" de uma sociedade secreta semelhante à Garduña, a organização criminosa que eles precisaram abandonar por causa da fuga repentina, e que foi particularmente ativa na Espanha a partir do século xv. Os três cavaleiros estabeleceram então as regras das futuras gerações mafiosas e, tendo deixado as grutas, iniciaram sua obra de proselitismo. Osso, o mais preguiçoso, deteve-se na Sicília e fundou a máfia; Mastrosso transpôs o estreito de Messina, foi para a Calábria e deu início à 'Ndrangheta; Carcagnosso, o mais empreendedor, depois de uma viagem aventurosa chegou à capital do Reino, Nápoles, e ali originou a Camorra.

É só uma lenda, naturalmente, uma fábula fácil de aprender e de recordar, criada especialmente para alimentar as conversas nos longos dias de cadeia. Aliás, era justamente nas prisões que os *picciotti*, os "soldados rasos" nas hierarquias mafiosas, ao contarem sobre cavaleiros e conquistas, podiam continuar a fazer seu proselitismo e encontrar novos adeptos, seguindo a tradição de Osso, Mastrosso e Carcagnosso. A condição de cavaleiro comportava se reconhecer em uma ideologia, obedecer a regras baseadas na coragem, na lealdade, na fidelidade à palavra dada e à pertença. Um conjunto de valores que pode ser resumido em uma só palavra, até hoje usada e abusada: *onore*, honra. O cavaleiro era antes de tudo um *uomo d'onore*.

Pode parecer paradoxal que o país sem regras por excelência, a Itália, tenha máfias com mais regras que as máfias internacionais. A Itália produz uma máfia disciplinada. Não se deve encarar as organizações criminosas como estruturas confusas, nas quais interesses diferentes circulam pelos caminhos do mercado como gângsteres em busca de rapina e dinheiro. Infelizmente, não é tão simples; ao contrário, no setor do narcotráfico, dos investimentos, em que o único objetivo é ganhar, as máfias italianas manifestam uma particularidade: a confiabilidade da organização.

É interessante compreender como um afiliado se aproxima simbolicamente de organizações como a Cosa Nostra, a Camorra ou a 'Ndrangheta. Quando se entra para uma organização criminosa, o acesso é feito mediante ritos simbólicos, batismos, porque as estruturas criminosas são verdadeiras organizações hierárquicas com cargos, rituais, salários, responsabilidades. Fazer parte de uma organização criminosa significa fazer parte de uma estrutura que se assemelha um pouco a uma empresa, um pouco a uma ordem religiosa, um pouco a um exército antigo (como o romano, que era organizado em legiões).

Por exemplo, o batizando da 'Ndrangheta, aquele que está para se tornar um afiliado, tem uma denominação: chama-se "*contrasto onorato*". Na linguagem 'ndranghetista, todos nós, não afiliados, somos "*contrasti*"; todos os que respeitam a máfia e não se posicionam contra ela são chamados "*contrasti onorati*". Mas não são afiliados. Chega-se ao primeiro grau da afiliação propriamente dita, ou seja, o de "*picciotto d'onore*", por um ritual atávico, idêntico desde sempre. Os afiliados se distribuem em uma formação em ferradura — não se sabe bem por quê, mas é assim —, o chefe da sociedade lê um longuíssimo ritual e o batizando presta um juramento pelo qual assume a responsabilidade de fazer parte de uma organização que em seu código será superior à família, aos filhos, ao seu próprio sangue. Os 'ndranghetistas chamam-se entre si "*fratelli di sangue*", pois irmão de sangue é aquele que se escolhe, ao passo que o irmão biológico é irmão de pecado, uma vez que a mãe, para gerá-lo, cometeu pecado com o pai.

Parece incrível, mas até hoje existem jovens na Itália que vivem seguindo o percurso traçado por esse juramento. Fora das organizações, é um rito conhecido apenas por estudiosos e magistrados:

CHEFE: Bom véspero, sábios companheiros.

AFILIADOS: Bom véspero.

C: Em nome dos nossos velhos antepassados, os três cavaleiros espanhóis Osso, Mastrosso e Carcagnosso, batizo este local. Se antes o reconhecia como um local frequentado por esbirros e infames, de agora em diante o reconheço como lugar santo e inviolável onde pode se formar e desformar este honrado corpo de sociedade. Estais conformes?

A: Estamos conformes.

C: Com o quê?

A: Com as regras da sociedade.

C: Em nome do arcanjo Gabriel e de santa Isabel, o círculo da sociedade está formado. O que se diz neste círculo em forma de ferradura, aqui se diz e aqui permanece; quem fala fora deste lugar é declarado traidor em seu prejuízo e em desencargo desta sociedade.

Estamos aqui reunidos para afiliar um *contrasto onorato* que se distinguiu por virtude e humildade; por ele [diz-se o nome da pessoa que garante a apresentação] se faz fiador. Se algum dos presentes tiver objeções, que fale agora ou se cale para sempre. Apresentai o *contrasto onorato* [o fiador apresenta a pessoa diante do chefe]: quem és e o que desejas?

NOVO AFILIADO: Eu me chamo [sobrenome e nome] e busco sangue e honra.

C: Sangue para quem?

NA: Para os infames.

C: Honra para quem?

NA: Para a Honrada Sociedade.

C: Tens conhecimento das nossas regras?

NA: Tenho conhecimento.

C: Antes da família, dos pais, das irmãs, dos irmãos, vem o interesse ou a honra da sociedade. A partir deste momento ela é tua família e, se cometeres infâmia, serás punido com a morte. Assim como serás fiel à sociedade, de igual modo a sociedade será fiel contigo e te assistirá na necessidade. Este juramento só pode ser quebrado com a morte. Estás disposto a isso? Juras?

[O novo afiliado pousa a mão esquerda, com a palma voltada para baixo, sobre a ponta de uma faca que um dos figurantes segura, enquanto os outros presentes apoiam sua mão esquerda sobre a do recém-admitido.]

NA: Juro em nome do arcanjo Gabriel e da Sagrada Coroa da Honrada Sociedade: a partir deste momento, minha família sois vós, serei sempre fiel e só a morte poderá me afastar, remeto-me a vós por mácula de honra, tragédias ou infâmia, em meu prejuízo e em desencargo de toda a sociedade; se eu errar, serei punido com a morte.

[O chefe apoia a mão esquerda sobre todas as outras.]
C: Se antes eu te conhecia como um *contrasto onorato*, a partir de agora te reconheço como *picciotto d'onore*.
[O novo afiliado dá três beijos nas faces do chefe.]
[Terminado este rito, o chefe se volta para o círculo formado e recita a fórmula de dissolução da sociedade.]
C: A partir deste momento, temos um novo *uomo d'onore*. A sociedade formou, o círculo está dissolvido. Bom véspero.
A: Bom véspero.

São as palavras de um terrível matrimônio que só pode ser desfeito com a morte.

O juramento acontece sob uma árvore, a árvore da ciência, que fica em um desfiladeiro do Aspromonte, em Polsi, uma fração de San Luca, na província de Reggio Calabria. Desde o início, a 'Ndrangheta presta juramento e se reúne diante dessa árvore. Certa vez, eu entrei lá: é um velho castanheiro de tronco oco. A árvore representa as hierarquias 'ndranghetistas: haste, caule, ramo, râmulo, flor e folha. A folha, que cai e apodrece no solo, representa os infames que traem.

As hierarquias são fundamentais porque são o início da regra. As máfias italianas são conservadoras, tradicionalistas. Já os americanos se modernizaram e se emanciparam. Joe Pistone, o famoso Donnie Brasco, conta que nos seis anos durante os quais esteve infiltrado na família Bonanno, uma das cinco de Nova York, percebeu que os mafiosos, quanto mais se americanizavam, mais se tornavam valentões, sem compreender que não se cometem crimes só para enriquecer, porque, se você rompe a regra, rompe também a vida mafiosa. Quando precisavam se fortalecer, segundo Donnie Brasco, as famílias americanas mandavam buscar os italianos, que restabeleciam a hierarquia, a disciplina, a estrutura. Pode parecer paradoxal, mas não é. Nos anos 1970, Vincenzo Macrì, sobrinho e herdeiro designado de Antonio Macrì, chefe da '*ndrina* de Siderno, na Locride, foi "pousado" (isto é, excluído da organização) porque suas atitudes não eram consideradas conformes às do bom 'ndranghetista: Vincenzo andava de vespa, circulava de camiseta e bermudas... Então foi "pousado" e, para seu lugar, um membro da *cosca* Comisso di Siderno foi nomeado chefe. Até hoje um 'ndranghetista deve respeitar rigorosamente certos parâmetros: não bancar o playboy, tomar cuidado para não arrumar confusão, como brigas e bravatas de jovens...

A 'Ndrangheta é dividida em sociedades maiores e menores. O *crimine*, também chamado "*provincia*", é uma espécie de cúpula. Em seguida vêm as locais, organismos que confederam diversas '*ndrine*, que são *cosche*, ou famílias. Esses são os três graus, mas é embaixo, entre sociedade maior e sociedade menor, que se articulam os vários níveis. Há o ritual que citamos, o juramento que leva um *contrasto onorato* a se tornar um *picciotto d'onore*. Depois há o camorrista e o *sgarrista*, a sociedade menor. Com frequência, quem faz parte dessa hierarquia não conhece sequer suas designações: *santista, vangelo, trequartino, quartino, padrino, crociata, stella, bartolo, mammasantissima, infinito* e *conte Ugolino*. Os últimos níveis foram recém-descobertos e é interessante que não tenham sido criados em Polsi, no Aspromonte, mas em Milão.

O que sempre me impressionou nos chefões das organizações criminosas é o absoluto espírito de sacrifício. Parece impossível, mas como um homem consegue resistir durante décadas ao regime do artigo 41-bis, o chamado "cárcere duro"?* Você tem a resposta quando vê como eles vivem quando estão livres ou foragidos, obri-

---

* O artigo 41-bis do Regulamento Penitenciário italiano, que estabelece o regime conhecido como "cárcere duro", confere ao ministro da Justiça poder disciplinar excepcional em caso de delitos específicos que representem ameaça à ordem pública, como crime organizado e terrorismo. (N. E.)

gados a se encerrar nos bunkers. Ser mafioso significa construir para si uma vida de infelicidade. Se você é um afiliado, sabe que seu fim será a morte ou a prisão. Esse é o preço a pagar quando se deseja o verdadeiro poder, aquele que administra a vida e a morte de todos. Eis por quê, antes de construir a casa onde vai morar, você deve construir o bunker, pois sabe que só pode viver sua vida aqui fora se souber como se esconder. Os bunkers são o sinal de uma infelicidade que se estrutura quase arquitetonicamente, uma infelicidade feita de renúncia e de um poder apenas mental.

A Itália é o país com mais bunkers no mundo. Na América do Sul, os narcotraficantes se escondem na Amazônia, naqueles que podem ser considerados bunkers naturais. Na Itália, porém, eles são construídos, e calabreses e casertanos constroem os melhores bunkers do mundo. Antes mesmo de ser um esconderijo, o bunker é uma filosofia de vida, um conceito que segue a lógica de viver em um espaço apertado, de não sair nunca, de jamais ver a luz do sol. Os bunkers podem ter apenas dez metros quadrados, pouco mais que a cabine de um automóvel. São tocas minúsculas, inencontráveis, onde você vive e comanda bancos nos quais nunca entrará, compra relógios que nunca usará, carros que nunca dirigirá, e quanto aos seus filhos, você os verá apenas uma vez por ano. E preencherá essas tocas com aquilo que de algum modo é seu espelho: imagens religiosas, revistas de pornografia, automóveis e relógios, em uma demonstração de que o poder mafioso é mais interior do que exterior, e não existe para ser ostentado.

Há zonas, como a Locride, onde o bunker faz parte do cotidiano de todos. É construído por precaução, pensando no dia de amanhã; talvez não seja necessário, mas é melhor fazê-lo. Já vem incluído no projeto das novas casas, é como se os bons progenitores pensassem no futuro dos filhos preparando uma clandestinidade tranquila. Sempre pode servir a um parente, a um cunhado... E esses esconderijos são difíceis de descobrir, pois não existem endereços completos, já que a maior parte dos imóveis não é cadastrada. Então não existem mapas, e os *carabinieri* (que constituíram *ad hoc* a divisão Cacciatori) têm de confiar na memória e no conhecimento minucioso do território.

Em Platì existe um bunker, que pertencia à '*ndrina* de Trimboli-Marando, construído no interior de um forno a lenha para pizzas. Eu estive lá, levado pelos *carabinieri* do coronel Valerio Giardina, que na Locride está na linha de frente da luta contra a 'Ndrangheta. Entra-se no forno e em seguida, deslocando um bloco que corre sobre trilhos, chega-se a um corredor que conduz a um aposento de onde parte outro corredor com cerca de duzentos metros, que leva ao exterior, em campo aberto. Tudo a dois quilômetros do centro, em um casebre de camponeses atualmente sob apreensão. Quando foi descoberto, esse bunker estava "frio", ou seja, lá dentro não havia nenhum foragido.

Em outra ocasião fiquei espantado ao ver, também em Platì, um grupo de casas construídas nos arredores de um curso d'água que foi coberto pelos 'ndranghetistas (à semelhança de certos canais navegáveis de Milão ou de Bolonha que correm sob a terra, enquanto por cima passam automóveis). Fizeram isso porque embaixo construíram bunkers ligados entre si, todos por sua vez conectados à corrente subterrânea, através da qual se pode alcançar outra saída. As casas estão abandonadas, mas vê-se muito bem o mecanismo de abertura escondido sob os degraus em alvenaria que levam ao primeiro andar. Os dois degraus correm na parede e deixam um espaço. Abre-se então um corredor que conduz a um aposento, ligado a outro corredor por onde se chega a duas casas vizinhas. São todas interligadas. Nesses bunkers, descobertos em 2001, foram capturados dois foragidos.

Um engenhoso sistema de roldanas, contrapesos e cordas permitia o acesso a outro bunker, onde em 13 de fevereiro de 2010 foi detido Saverio Trimboli, foragido desde 1994, acusado de tráfico internacional de substâncias entorpecentes. Deslocando um pesado bloco de cimento e tijolos, entrava-se em um ambiente muito grande (trinta metros quadrados), onde ainda havia revistas de relógios, além de trinta scanners, vinte rádios portáteis, instrumentos para detectar grampos telefônicos e 10 mil euros em espécie.

É dificílimo descobrir um bunker. Os Cacciatori usam muitos métodos, tais como, por exemplo, lançar ao solo um balde d'água para verificar os declives. Porque é inútil bater nas paredes: nunca haverá um vão do outro lado, o cimento armado se desloca sobre trilhos.

Não esqueço de um bunker. Um dia os *carabinieri* me levaram a um campo aberto, onde não havia nada além de um galinheiro, e me perguntaram: "Onde você acha que o bunker está?". Procurei e não achei nada. Respondi: "Talvez no subsolo". "Não, não está no subsolo." Os *carabinieri* vigiavam a zona havia meses. De longe, viam o foragido passeando enquanto fumava um cigarro, coisa que evidentemente não podia fazer em seu esconderijo. Quando eles chegavam ao local, o foragido, Domenico Trimboli, conhecido como 'u Crozza, "a caveira" — chefão acusado de tráfico de entorpecentes e de associação delinquente de cunho mafioso —, sempre tinha sumido. Depois de umas dez tentativas fracassadas, os *carabinieri* se convenceram de que devia haver um alçapão dentro do qual Trimboli desaparecia. Quando estavam prestes a desistir pela enésima vez, um suboficial dos Cacciatori notou que uma parte da mureta que separava o galinheiro do jardim não era úmida como todo o resto. Embora entre as rochas tivessem nascido umas plantinhas, não havia musgo. Era a parte móvel de um muro seco que permitia o acesso ao esconderijo. Quando se esconde desse modo, a pessoa se dispõe, desde que mantenha o poder, a renunciar à própria existência, à própria alma, à luz. Chefões estavam perdendo a visão por viverem ali embaixo, chefões que faturavam milhões e milhões de euros por dia e viviam ali, debaixo de um galinheiro.

Eu não gostaria que essas histórias parecessem narrativas distantes, quase medievais, histórias de "*terroni*", italianos do Sul. Na realidade, naqueles bunkers se decide o destino da Itália inteira. Porque é no Norte que as organizações criminosas, sobretudo a 'Ndrangheta, fazem seus negócios. A Lombardia é a região com o mais alto índice de investimentos criminosos da Europa. É lombarda a economia em que eles se infiltram, é lombarda a saúde pública, é lombarda a política. Milão, nesse sentido, é a capital dos negócios criminosos italianos. Basta pegar um mapa da cidade e destacar todas as empreitadas e obras que estão "sob os cuidados" das organizações criminosas, neste caso pela 'Ndrangheta: Santa Giulia, Canais EuroMilano, TAV [Trem de Alta Velocidade] Milão--Bergamo, rodovia Milão-Bergamo, Estação Central, novo tribunal, Portello, City Life, Porta Garibaldi, Feira Milão-Rho, metrô linha 5, área ex-Ansaldo, depósito dos vigias da ATM [Azienda Trasporti Milanesi], zona Corvetto, agência alfandegária.

Quem sempre me contou essas histórias foi meu amigo Nicola Gratteri, magistrado corajoso. Mas uma investigação recente, conduzida pela procuradora-geral de Milão, Ilda Boccassini, e pelo procurador-geral de Reggio Calabria, Giuseppe Pignatone, confirmou-as, reconstruindo, além disso, a tentativa da 'Ndrangheta milanesa de separar-se da calabresa.

Em San Vittore Olona, na província de Milão, vive Carmelo Novella, conhecido como *compare* Nuzzo. É o chefe da 'Ndrangheta na Lombardia, um órgão chamado justamente "la Lombardia". Em seu currículo, anos transcorridos na cadeia por associação de cunho mafioso, armas e droga. *Compare* Nuzzo tem um projeto revolucionário: tornar as locais lombardas (a local é a estrutura territorial à qual cabem uma ou mais *'ndrine* da zona) — até então destacamentos da casa mãe calabresa — autônomas em relação às locais calabresas de referência e, ao mesmo tempo, fazê-las "dependentes" do chefe delas, ou seja, ele mesmo. Para *compare* Nuzzo, a Lombardia já pode se arranjar sozinha, pois é justamente ali que está o coração econômico da organização. Para obter seguidores, ele gratifica alguns afiliados com a concessão de dotes e chega até a criar novas locais sem pedir a permissão da "local mãe" na Calábria, passando por cima do então chefe da local de Milão, Cosimo Barranca. Assim, infringe as regras. O que, naturalmente, não agrada à casa mãe, que decide resolver a questão como se faz nesses casos.

Compare Nuzzo percebe que está acontecendo alguma coisa, porque os ocupantes dos postos mais altos da província (uma espécie de cúpula calabresa) sobem a Milão a cada duas semanas mas evitam encontrá-lo, justamente ele, que no fundo era o chefão da Lombardia. Mas sobretudo, a certa altura, a filha de um chefe de Gioiosa Jonica se casa. Há uma grande festa e *compare* Nuzzo não é convidado, ao passo que seus inimigos, sim. Os matrimônios são justamente os momentos em que se fazem reuniões, em que se tomam decisões. Não ser convidado para a cerimônia é claramente um sinal, o sinal de que *compare* Nuzzo está para ser "dispensado". A partir desse momento, ele é um morto ambulante. Tanto que seu vice dorme com a porta trancada, a pistola embaixo do travesseiro, e se faz escoltar por um capanga.

E, de fato, um mês depois, na tarde de 14 de julho, Carmelo Novella está sentado à mesa de um bar em San Vittore Olona com alguns amigos, na varanda. São 17h45 quando dois rapazes, rosto coberto e jaqueta de motoqueiro, entram no bar. Um deles pede "*un cappuccio bianco*". A garçonete se lembrará disso porque é um pedido estranho, até meio cômico: talvez quisesse pedir aquilo que um milanês chamaria um cappuccino claro. Em seguida, os dois se aproximam da mesa de Novella, ao ar livre, e o chamam: "Carmelo!". Novella, que acaba de se levantar para pedir alguma coisa, vê-se diante de seus assassinos: estes atiram, quatro vezes, a menos de dois metros. Quando vê o cano da arma, Novella tenta aparar o primeiro tiro cobrindo-se com um braço. As outras balas, calibre .38 sem cápsula, desfiguram-no. Depois os matadores transpõem o corpo calmamente e se afastam a pé, a passos rápidos, e desaparecem na esquina.

Carmelo Novella pecou por soberba. "Queria ter o céu no bolso, mas o céu não cabe no bolso", dirá um chefão — interceptado no carro quando está indo ao funeral — à mãe, que lhe responde: "Quem semeia espinhos não deve andar descalço". Como se fosse um mecanismo normal: você errou, então é punido.

Morto Carmelo Novella, a Calábria quer reconquistar a Lombardia. Um ano depois, durante outro casamento, entre Elisa Pelle e Giuseppe Barbaro, ambos filhos de chefes, Domenico Oppedisano é nomeado "*capo-crimine*", ou seja, aquele que está na cúpula do organismo que comanda todas as '*ndrine*. Seu primeiro discurso oficial é pronunciado em 1º de setembro de 2009, no santuário de Polsi. É meio-dia em ponto, e no santuário desse vilarejo do Aspromonte festeja-se a Madona da Montanha. As câmeras escondidas pelos *carabinieri* no jardim em frente à igreja filmam um grupo reunido em círculo, a um canto. Entre eles, o novo chefe dos chefes, que faz questão de esclarecer as coisas:

> Os cargos não podem ser dados quando queremos, mas só duas vezes por ano. [...] E devemos fazer isso todos juntos. O *crimine* deve ser formado pelos da local. Todos juntos.

Para devolver à ordem uma situação que ameaçava a autonomia, convoca-se o advogado Giuseppe Neri, que recebe o encargo de consultar os responsáveis de cada uma das locais para nomear, mediante acordo prévio de todos, um novo responsável (um "*mastro generale*", mestre geral). Na realidade, compreende-se pelos grampos telefônicos que Neri e alguns chefes da Lombardia estão fazendo jogo duplo, não têm intenção de largar o osso: "O essencial é que os contatos com o pessoal lá embaixo sejam mantidos por nós. É o que eu quero, depois decidimos quem pode bancar o responsável. Vamos pegar um cretino qualquer para ser o responsável, isso nós decidimos, fazemos dele o responsável".

E assim é organizada uma reunião, um jantar entre todas as locais da Lombardia, em Paderno Dugnano, localidade do interior milanês, quinze quilômetros ao norte da capital lombarda. Não estamos em Locri, na Calábria. Não estamos no Sul. Estamos às portas de Milão. Marca-se para 31 de outubro de 2009 um jantar no círculo Falcone-Borsellino da Arci [Associazione Recreativa Culturale Italiana] de Paderno. Que paradoxo! Para o jantar são convidados apenas dois expoentes por local, umas trinta pessoas ao todo. O organizador da noitada, Vincenzo Mandalari (chefe da local de Bollate), preocupa-se com os mínimos detalhes: para todos, o encontro é no estacionamento de um cinema multiplex, de onde os chefes são "baldeados" de carro, em diversas viagens, até o círculo. "Deixem o automóvel aqui", orienta Mandalari. "Também deixem aqui os celulares, desligados, e venham comigo." Prevê até uns paus-mandados que se plantam diante do círculo, para servir de vigias. Naquela noite, ele é o primeiro a chegar ao círculo Falcone-Borsellino: manda arrumar a ferradura ao seu modo e cobrir as vidraças com cartazes, para que ninguém possa espiar do lado de fora.

Às 20h30, todos os chefes estão sentados à mesa em forma de ferradura. Os postos centrais são reservados a Pino Neri e Vincenzo Mandalari. A supremacia deles é clara: quando um dos chefes de local se levanta para servir vinho nos copos dos comensais, começa justamente pelos dois. Manda-se fechar a porta que dá para a cozinha, porque agora os chefes devem "trocar umas palavrinhas" e ninguém pode escutar.

Antes de iniciar o jantar, Pino Neri pronuncia o discurso introdutório apresentando o candidato ao cargo de *mastro generale* para a Lombardia, que assumirá a tarefa de cuidar das relações com a Calábria. Neri propõe Pasquale Zappia. Segue-se a votação, e quem faz a "chamada nominal" dos votantes é justamente Mandalari. O discurso de Neri é típico de um político consumado. De um lado ele sublinha o respeito que a casa mãe traz à Lombardia, e de fato cada local lombarda manterá a própria responsabilidade. Mas as regras devem ser cumpridas, e para atribuir novos dotes é necessário aguardar a aprovação da Calábria. "De agora em diante devemos nos ater a pactos e prescrições." E ainda: "Somos todos, cada um, iguais e responsáveis perante a 'mãe'". Menos de meia hora depois, todos os comensais se levantam para um brinde solene em homenagem ao novo *mastro generale* Pasquale Zappia.

Entre as pessoas detidas em Milão na investigação Il Crimine, há um alto funcionário da saúde pública lombarda, Carlo Antonio Chiriaco, diretor sanitário da ASL [Azienda Sanitaria Locale] de Pavia.

Chiriaco administrava mais de 780 milhões de euros e havia sido condenado em primeira e segunda instâncias por chantagem. Tinha servido de mediador entre algumas famílias 'ndranghetistas e um empresário que não queria pagar a extorsão. Durante seu interrogatório, disse aos juízes:

> Sou doentiamente fascinado pela vontade de fazer as pessoas acreditarem que sou delinquente. Digo certas coisas para ver que efeito provocam sobre os outros.

Durante anos, os milaneses disseram a si mesmos que em Milão a máfia não existe, está distante. Pelo contrário, o controle do território começa a se parecer cada vez mais com o do Sul. Em Cisliano, a vinte quilômetros de Milão, por exemplo, durante uma patrulha diante do restaurante La Masseria, um homem do clã Valle bloqueou uma viatura dos *carabinieri* que estava vigiando a área. Coisas assim só aconteciam em Casal di Principe, em Platì, em lugares onde as máfias controlam militarmente o território. Além disso, como no Sul, as organizações buscam o apoio dos partidos no poder. Inclusive o da Liga, nos lugares onde o poder está nas mãos dela. Como demonstrou a investigação coordenada pelos promotores Boccassini e Pignatone, em 2009 Pino Neri e outros chefes entraram em contato com um conselheiro regional da Lombardia, membro da Liga, que afinal não será preso. Mas, das investigações, depreende-se que desejavam lhe pedir apoio para eleger um político aliado deles. Aliás, em uma entrevista em 1999, Gianfranco Miglio, um dos pais da Liga, declarou:

> Sou pela manutenção até da máfia e da 'Ndrangheta. O Sul deve ter um estatuto apoiado na personalidade do comando. [...] Não quero reduzir a região ao modelo europeu, seria um absurdo. Há também um clientelismo bom, que determina crescimento econômico. Em suma, convém partir do conceito de que algumas manifestações típicas do Sul precisam ser constitucionalizadas.

No fundo, a Liga sempre propôs uma postura repressiva diante das organizações criminosas, sempre lutou contra a obrigatoriedade de residência dos chefões no Norte. Algemas. Repressão. Concordo, mas só isso não basta. Pois a força das organizações criminosas está no dinheiro, inclusive no dinheiro legal que a marginalidade quer e recolhe há décadas. E o dinheiro legal das máfias irriga também o Norte.

Eu vivo repetindo isso, mas talvez valha a pena, porque a força de quem se opõe às organizações criminosas, inclusive no exterior, é a parte sã da sociedade. Sinto isso no fundo de mim mesmo e o leio nas sentenças, nas investigações e nas análises de centenas de jornalistas, sinto-o nas palavras de quem de fato está combatendo a 'Ndrangheta na Lombardia. Claro, é a polícia, é a magistratura. Mas, sobretudo, é a parte honesta da comunidade calabresa. São os italianos que detiveram a criminalidade organizada nos Estados Unidos, são os turcos que detiveram a máfia turca na Alemanha. Há sempre uma parte sã. Eis por que é um erro raciocinar somente com a repressão. Sempre que há uma blitz, contam-nos que a máfia foi derrotada, pois foram detidas cinquenta ou quinhentas pessoas.

Infelizmente, as organizações criminosas são a vanguarda econômica deste país. Controlam, por exemplo, o mercado das refeições: 20 mil estabelecimentos, 1 bilhão de faturamento anual gerado só pelos restaurantes, ou seja, um fragmento minúsculo de sua economia. É também daqui que deve partir a ação de combate.

A investigação de Boccassini e Pignatone levou a uma perseguição sem precedentes: foram identificados 160 afiliados lombardos (mas o total seria bem mais alto: quinhentos), quinze "locais" na Lombardia, entre as quais uma no centro de Milão e outras em Bollate, em Erba, em Cologno e na Brianza. Mas, sobretudo, a investigação trouxe à luz o novo arranjo da 'Ndrangheta, que nos últimos dez anos sofreu uma espécie de "mutação genética" em seu modo de agir. Transformou-se em "máfia empresarial". Passaram dos tradicionais homicídios, sequestros, grande tráfico de drogas a formas de controle de setores econômicos (tais como remoção de terra nos canteiros, construção, concessão de financiamentos a pessoas em dificuldade) e a infiltrações nas instituições públicas em nível local. Portanto, há os criminosos, mas, ao lado deles, afiliados lombardos muitas vezes sem problemas com a justiça.

No Norte, os clãs já pretendiam conseguir algumas boas empreitadas para a Expo. Mas como conseguem vencer as concorrências? O mecanismo é o do máximo rebaixamento no preço. Vence a empresa que propõe um valor mais baixo em relação à realização do projeto. As grandes empresas conseguem vencer as maiores concorrências porque subcontratam as empresas da máfia, que são mais convenientes, cobram menos. São parasitárias em relação ao Estado e vantajosas para o comitente. Os clãs vencem porque conseguem oferecer preços competitivos. Vencem porque têm nas mãos o setor do lixo, o narcotráfico. Vencem porque conseguem reciclar dinheiro sujo em uma das maiores companhias telefônicas europeias. Vencem porque controlam o abastecimento dos supermercados. Assim, vencem até mesmo antes de apontar a pistola, antes mesmo de fazer o Sul pagar um preço altíssimo com um dinheiro que depois é depositado nos bancos do Norte e dado aos empresários do Norte, que às vezes nem sentem o fedor dele. Até os atos do governo — como o escudo fiscal de Tremonti, ou a lei que limita as interceptações telefônicas e ambientais, que depois felizmente não foi aprovada, ou o projeto de lei sobre o processo breve, também felizmente não aprovado — são medidas ou propostas que ameaçam favorecer a criminalidade.

Quando se fala de crime organizado, sente-se uma espécie de melancolia final: o que podemos fazer, diante de tudo isso? Na realidade, nem tudo está perdido, e é fundamental falar do assunto. Há um exército de pessoas que combatem cotidianamente as organizações criminosas, não só com metralhadoras ou com a balança da justiça, mas fazendo bem seu trabalho. Uma das coisas que as organizações mais temem é que os indivíduos ajam como homens, ajam com dignidade, não se dobrem, não peçam como favor aquilo que lhes cabe por direito. Sempre que consideramos o problema da máfia como distante de nós, sempre que dizemos a frase "Afinal eles se matam entre si", estamos dando um grande presente a essas organizações. Sempre que um telejornal manipula a informação, está fazendo um favor aos clãs. Mas quando você sente que está agindo porque essas histórias são as suas histórias, quando você sente que um prefeito foi assassinado porque fez bem o trabalho dele, e sente aquele prefeito como o seu prefeito; quando você sente que essas histórias lhe concernem porque tiram sua felicidade, seu direito, porque o obrigam a pedir um emprego, a não receber o décimo terceiro, quando o obrigam a pagar pela casa um preço alto demais porque as organizações investem sobretudo no cimento, açambarcando todo o mercado imobiliário de uma grande cidade; quando você sente tudo isso, então alguma coisa está mudando.

Há uma frase muito bonita de Tolstói que diz: "Não se pode enxugar a água com a água e não se pode apagar o fogo com o fogo, portanto não se pode combater o mal com o mal". A partir do momento que cada um de nós não faz o mal, está um passo à frente e talvez sonhando com uma Itália diferente.

4. Piero e Mina

Para mim talvez seja uma coisa meio insólita, mas eu gostaria de contar uma história de amor que entrou na minha cabeça e não saiu mais. Como acontece com as histórias importantes que se lê ou escuta.

É a primavera de 1973. Muito tempo atrás, antes que eu nascesse. Uma jovem em excursão com a paróquia, uma jovem do Alto Ádige, perde-se pelas ruas de Roma, talvez a maior cidade onde já esteve na vida. Precisa ir para a Piazza Venezia e está no Campo de' Fiori, não sabe o caminho. Vê um rapaz sentado e lhe pede informações. O rapaz usa uma jaqueta de franjas e tem cabelos louros e compridos. Parece um hippie. Levanta-se, é altíssimo, mais de 1,90 metro. E não só dá as informações, como se oferece para acompanhá-la. Ela nota que ele manqueja e diz: "Pode deixar, eu vou sozinha". "Não, eu vou com você." E assim Piergiorgio Welby e Wilhelmine Schett, mais conhecida por Mina, dirigem-se à Piazza Venezia. No trajeto, falam de tudo o que se pode falar em poucos minutos. Ele, ativista de 1968, não religioso, girou pela Europa, escreve, pinta. Ela, católica praticante, em viagem a Roma com a paróquia. No entanto, esses dois mundos aparentemente tão distantes se encontram.

Quando se despedem, trocam telefones e endereços. Começam a se escrever, a se falar. Piero não esquece aquela jovem do Alto Ádige, embora só a tenha visto por poucos minutos. Mina também não o esquece, tanto que volta a Roma, desta vez por causa dele. Não irá mais embora, pois Piero logo lhe propõe que vivam juntos na casa em que ele mora com os pais. O clima é sereno, como acontece quando algo de novo está nascendo.

Depois de dois anos de convivência, a mãe dele aproveita a oportunidade de um jantar para perguntar: "Por que vocês não se casam?". Piero fica em silêncio, Mina olha para o chão, Piero muda de assunto. A noite acaba assim. Mas, quando ficam a sós, Mina pergunta: "Por que você não respondeu? Não quer se casar comigo?". Piero diz: "Não quero. Porque você deve ser livre, livre para ir embora quando quiser. Quando eu virar um aleijado por causa da minha doença, serei apenas um peso para você".

Piero já explicara a Mina que sofria de distrofia muscular progressiva, uma doença degenerativa que ataca os músculos e aniquila progressivamente o corpo. Mas só agora confia a ela seus temores: "Não quero lhe esconder nada, eu vou morrer sufocado". Mina responde com uma simplicidade desarmante, uma simplicidade profunda como o mar: "Enquanto isso, vamos em frente, no fundo ninguém sabe o que o futuro nos reserva. Quem tem medo do futuro não vive o presente". E assim desmonta, com sua simplicidade, toda a carga dramática das palavras de Piero, que não queria comprometer a felicidade dela.

Em 1980 os dois se casam na igreja, porque a família de Welby é católica. Piero chega à cerimônia em uma cadeira de rodas; lentamente, a doença está bloqueando tudo, braços, mãos, pernas, até o coração. Ele adorava passear nos bosques porque o pai era caçador, mas já não consegue andar. Mina não desanima e, com a costumeira simplicidade, diz: "Se você não pode ir à caça, vamos à pesca!". Mina é assim: para ela, o fato de uma coisa já não poder ser feita é apenas a premissa para fazer outras, talvez até mais interessantes e divertidas. E assim vão pescar, de cadeira de rodas, com as varas em um porta-varas. E, como Piero tem dificuldade de mover os braços, Mina até aprende a montar o anzol: "Eu nunca imaginei que acabaria enfiando minhocas em um anzol".

Todas as desventuras que acontecem, e acontecerão muitas, parecem sempre oportunidades — sobretudo para Mina, mas também para Piero — de inventar um modo diferente de viver. Como se cada obstáculo fosse um passo necessário para pôr à prova o sentimento e sobretudo construir algo pleno, e não algo que seja apenas um jeito de suportar uma tragédia. Inventar uma vida. Por causa do respirador, Piero já não pode sair. Então Mina procura trazer para casa a natureza que ele tanto ama. Inventam a fotografia de insetos, de flores, de moscas... Jamais fotografam insetos mortos, mas sempre vivos. Mina ajuda Piero a compreender que o presente é a única verdadeira forma de eternidade que o homem pode conhecer. Piero lhe dirá: "Você me levou a fazer tantas coisas desse jeito que eu nem percebi estar doente".

Mina e Piero tinham feito um acordo: se ele piorasse, ela não o levaria ao hospital. Piero achava que entraria em coma e morreria. Ela promete, mas quando aquele dia terrível chega, vem a fortíssima crise respiratória e Mina, apavorada, não aguenta. Não aceita a ideia de perdê-lo e chama uma ambulância. Uma coisa é aceitar um pacto, outra é concretizá-lo. Piero é submetido a uma traqueostomia, fazem uma incisão cirúrgica em sua traqueia para abrir uma via respiratória alternativa à natural, e a partir daquele dia ele viverá imóvel, na cama, ligado a um respirador. Esse respirador artificial é uma geringonça que infla e desinfla bombeando ar para dentro do corpo. O ruído cadenciado lembra o do pistão de uma locomotiva.

Mas a vida deles não se detém. Piergiorgio lia muitíssimo, devorava livros. Escutava um programa da Radio Tre sobre livros, *Fahrenheit*, oxigênio para todo leitor, e depois dizia a Mina: "Quero este livro. Mas não temos dinheiro". E Mina brincava: "Mas você é rico, por isso eu me casei com você!". Na realidade, viviam com uma pensão por invalidez de 450 mil liras mensais: hoje, seriam mais ou menos quinhentos euros.

Piero também adorava pintar. Quadros a óleo. No início, por diletantismo, pela possibilidade de criar para se distrair. Mas, à medida que a doença avançava, os movimentos se tornavam cada vez mais difíceis, e então Piero pedia a Mina que deslocasse a tela sob as mãos dele de acordo com a figura que desejava desenhar, enquanto segurava firmemente o pincel entre os dedos. Mina então lhe propõe pintar quadros menores: "Até os grandes artistas fizeram isso". E de fato as últimas obras de Piero são desenhos de pequenas dimensões. Mina esperava que, assim, ele permanecesse ligado à vida. Em seu livro, ela escreve: "Realmente eu incorri em um excesso terapêutico, mas era um excesso terapêutico de amor".

Em 2001, a doença se agrava e Piero se deprime. Diz: "Acabou. Agora chega". A distrofia muscular é uma enfermidade que aniquila o corpo, mas, na maioria dos casos, deixa a mente intacta. Por conseguinte, o doente está absolutamente lúcido e consciente de sua decadência e da dor que a doença lhe provoca. Piero pede à esposa que o apoie em sua solicitação de desligar o respirador. Mina se enfurece, não pode aceitar, para ela é como se ele estivesse dizendo que deseja deixá-la. Como se ele dissesse: "Eu não amo mais você". Tanto que responde: "Não vou lhe dar o divórcio!". Então Piero, que a conhece bem, chama-a como sempre, estalando a língua, e pede que ela ponha as mãos em torno do pescoço dele. "Não, pare com isso, eu entendi muito bem". Mina repete com frequência: "Eu era sua enfermeira e ele, meu psicólogo, sempre sabia como me pegar". Mina acreditava que era Piergiorgio quem estava sendo egoísta, mas depois compreenderia que a egoísta era ela.

Inicia-se então a batalha, junto com o movimento dos Radicais, a fim de conseguir autorização para desligar o respirador. Em 2002 Piero cria um fórum, que ele atualizará constantemente até o último dia de vida. Escreve sob o pseudônimo de Calibã, como o personagem de *A tempestade* de Shakespeare: um monstro, um selvagem disforme e sardento, "não honrado com a forma humana". Através do fórum, entra em contato com pessoas de todo o mundo que têm sua mesma urgência, que estão vivendo seu mesmo sofrimento.

Piero quer chegar depressa àquilo que define como uma "morte digna", fazendo tudo dentro da legalidade. O que ele pede não é eutanásia, ou seja, a prática que consiste em proporcionar a morte, da maneira mais indolor, rápida e incruenta possível, a um ser humano afetado por uma doença incurável, para dar fim ao seu sofrimento. Pede a renúncia ao excesso terapêutico, isto é, a todas aquelas técnicas médicas que servem para manter artificialmente as funções vitais de indivíduos atacados por patologias incuráveis. Ele não quer abreviar sua vida provocando a própria morte. Como diz o cardeal Carlo Maria Martini: "Evitando o excesso terapêutico, não se quer proporcionar a morte, mas aceitar que não é possível impedi-la". As pessoas que vão visitar Piero, não compreendendo isso, dizem a Mina: "Ele quer morrer porque está deprimido, porque não está sendo tratado adequadamente".

Em 22 de setembro de 2006, Piero decide enviar uma videocarta ao presidente da República, Giorgio Napolitano. Faz tempo que está habituado a usar um sintetizador vocal: no monitor à sua frente há letras, que ele indica com o olhar, e o sintetizador emite a frase que ele quer dizer. A mensagem é um manifesto poético de sua batalha pela vida:

Vida é a mulher que te ama, o vento entre os cabelos, o sol no rosto, o passeio noturno com um amigo. Vida é também a mulher que te deixa, um dia de chuva, o amigo que te decepciona. Eu não sou nem melancólico nem maníaco-depressivo. Morrer me horroriza. Infelizmente, o que me restou já não é vida, é só um teimoso e insensato encarniçamento em manter ativas certas funções biológicas.

São palavras belíssimas, que não concernem somente à questão da bioética. A sabedoria, o vento entre os cabelos, a mulher que você ama mas também a mulher que o deixa, o amigo que o trai: aqui não temos um homem que concebe a vida como um percurso unicamente de felicidade. "Morrer me horroriza", diz ele. Tem medo, mas não quer ir ao encontro do suicídio, nem pensa nisso. Considera que o que lhe resta já não é vida, ainda que outros possam chamá-la assim. Aquela que para outros pode ser considerada vida, para Piero não é. Sente que só ele tem o direito primeiro e último de decidir sobre sua situação. Sente que tem esse direito.

A força de Piergiorgio Welby, assim como a força de Beppino Englaro e de Luca Coscioni, é a de ter agido dentro do direito, de ter sempre reivindicado a possibilidade de escolher. Piero poderia ter ido à Suíça, e certa vez Mina lhe propôs: "Lá é permitido, lá não há excesso terapêutico, lá eles fazem com que você adormeça". Ele respondera: "E se o avião cair?". Porque seu objetivo não era apenas resolver uma questão pessoal, mas criar a possibilidade de escolha dentro do direito. Piero, Beppino e Luca podiam tranquilamente pagar uma propina, como já se faz nos hospitais italianos. A eutanásia já existe: paga-se a alguém para agir em silêncio. Também haviam sugerido a Mina: "Não o alimente mais, e com o tempo ele se enfraquece...".

Eis por que as palavras de Piergiorgio Welby ao presidente Napolitano são palavras que não concernem apenas aos direitos do doente, mas aos direitos de todos, como italianos. Porque sempre que alguém recorre ao direito para uma escolha pessoal, está defendendo os direitos de todos.

Um médico de Cremona, o anestesista reanimador Mario Riccio, que havia acompanhado o caso Welby pelos jornais e escutara as palavras dirigidas ao presidente da República, resolve ajudar Piergiorgio. Faltam poucos dias para o Natal, e Riccio diz a ele: "E então, vamos nos ver depois do Natal?". Piero já se sente acabado, só quer que lhe seja aberta essa última porta e que seja um momento normal para ele, tanto que responde decidido: "Não, não, vamos nos ver na quarta-feira, depois dos 'pacotes' [o programa de prêmios *Affari tuoi*, na RAI 1]".

Na tarde daquele 20 de dezembro, Mina está triste. Qualquer coisa que faça para ele, gestos cotidianos que executou por tantos anos, tudo a leva a pensar: "Estou fazendo isto pela última vez". E ao mesmo tempo é invadida pela ansiedade, está frenética. Ele pergunta: "Afinal, você foi feliz?". Uma daquelas perguntas que a gente sempre gostaria de fazer à pessoa que ama. Para Mina, havia sido "uma vida plena e feliz, a melhor que eu poderia imaginar". Tanto que responde: "Venha me buscar, o que farei sem você?". "Mas você tem muito o que fazer!", atenua ele.

É naquela tarde que Piero confessa a Mina: "Morrer não é brincadeira". Ao anoitecer de seu último dia, lê os e-mails, responde aos comentários no blog e cancela todas as contas. Por volta das onze, Piergiorgio se despede dos parentes e de três amigos radicais reunidos à sua cabeceira. O médico se aproxima e pergunta: "Vamos?". Em sua última resposta, Piero quer usar a voz. Com dificuldade, diz: "Sim". Mina então pergunta: "Você quer mesmo?". Piero bate as pálpebras, uma só vez, para responder: "Sim". Morrerá pouco depois, de maneira digna, como havia pedido e desejado por tanto tempo, dentro do respeito à lei.

Tão católica quanto a mãe de Piero, Mina quer celebrar a despedida na igreja. Mas recebe do vicariato de Roma esta resposta:

Em relação ao pedido de exéquias eclesiásticas para o falecido dr. Piergiorgio Welby, o vicariato de Roma esclarece não ter podido conceder tais exéquias porque, à diferença dos casos de suicídio nos quais se supõe a ausência das condições de plena lucidez e deliberado consentimento, era conhecida, na medida em que repetida e publicamente afirmada, a vontade do dr. Welby de dar fim à própria vida, o que contraria a doutrina católica.

Tal resposta foi dada pela mesma instituição que assegurou sepultura regular a Enrico De Pedis, chamado de Renatino, um dos chefes fundadores do Bando da Magliana, assassinado em Roma, nos arredores do Campo de' Fiori, em 2 de fevereiro de 1990, por sicários enviados pelos seus "ex-amigos". O nome dele está ligado ao caso de Emanuela Orlandi, uma adolescente que desapareceu no Vaticano em 1983. Renatino jamais cumpriu um dia de prisão, e seus despojos se encontram no interior da cripta da basílica de Santo Apolinário em Roma. Ele foi sepultado ali e as chaves da cancela foram entregues à viúva Carla. Só a ela é permitido o acesso à cripta. Funerais católicos também foram concedidos a ditadores como Francisco Franco e Augusto Pinochet. Franco, o instaurador na Espanha de um regime apoiado pela Alemanha nazista e pela Itália fascista, responsável pela morte de mais de 250 mil adversários de seu governo, é venerado como santo pela Igreja católica palmariana, uma Igreja católica cismática. Na cerimônia religiosa de Pinochet, o ditador chileno condenado por crimes contra a humanidade, 60 mil pessoas prestaram homenagem aos despojos. Em março de 1991, Mario Iovine, um dos fundadores do clã dos Casalesi, foi sepultado com cerimônia religiosa em Casal di Principe, no meio da noite. No funeral de Roberto Sannolla, mafioso da Sacra Corona Unita, assassinado durante a clandestinidade em Montenegro, jovens vestidas de noiva acompanharam o féretro.

Funerais religiosos, católicos, todos eles. Mas a igreja onde Mina queria se despedir de Piero permaneceu fechada. As exéquias de Piergiorgio Welby foram celebradas com rito civil na esplanada em frente à igreja de São João Bosco em Roma. Os funerais religiosos, concedidos a ditadores e criminosos, a pessoas que dispuseram da vida de outros, foram negados a Piergiorgio Welby, um homem justo cujo único pecado, depois de ter sofrido quarenta anos de enfermidade, foi decidir não sofrer mais, querer dispor da própria vida. No funeral, lembraram que Piero só queria parar de sofrer, só pedira um último gesto de amor.

O amor de Mina e Piero tinha começado no Campo de' Fiori sob a estátua de Giordano Bruno, filósofo campaniense, de Nola. Agora, aquela estátua, para mim, já não é somente a de um filósofo que eu adoro, de um farol do pensamento. É também a lembrança da história de amor entre eles dois. Agora, quando leio as últimas palavras de Giordano Bruno, penso em Piergiorgio Welby:

> Eu lutei, e muito: acreditei poder vencer (mas aos membros foi negada a força do ânimo), e tanto a sorte quanto a natureza retiveram o estudo e os esforços. [...] No que me concerne, fiz o possível [...]: não temi a morte, não cedi em constância a nenhum dos meus semelhantes, preferi uma morte animosa a uma vida pusilânime.

5. Detritos e venenos: a montanha tóxica

Imagine o Mont Blanc, 4810 metros, a maior montanha da Europa. Ou o K2, 8611 metros, a segunda montanha mais alta do mundo. Ou, melhor ainda, a mais alta de todas, o Evereste, 8848 metros. Pois bem, até o Evereste é nada, comparado com aquela que poderia ser a montanha mais alta da Terra: o conjunto de todos os detritos ilegais geridos pelas organizações criminosas. Esses detritos formariam uma montanha de 15 600 metros de altura, com uma base de três hectares. A maior montanha da Terra é a dos detritos geridos pelas organizações criminosas.

É complexo, mas tentarei contar uma história infinita, a história do lixo de Nápoles. Existem jovens de dezesseis anos, nascidos em Nápoles, que jamais viram sua cidade livre de lixo. A emergência perdura há dezesseis anos, tanto que até a palavra "emergência" já não é adequada. Porque uma emergência é um episódio, um momento excepcional. Caso se repita todo ano, já não é uma emergência. Em Nápoles, tornou-se normalidade, quase um dado fisiológico: no verão faz calor, no inverno faz frio, todo ano há uma nova crise do lixo.

Em toda parte me fazem a mesma pergunta: como é possível que o problema do lixo em Nápoles não seja resolvido? Há muitíssimas imagens, muitíssimos episódios que passam diante dos meus olhos quando falo desse assunto, imagens e episódios que, na minha terra, todo mundo viu e viveu. Por exemplo, na região de Nápoles e Caserta, de repente começaram a aparecer condicionadores de ar em todas as moradias, em vilarejos e cidadezinhas de província onde eles jamais haviam sido usados, porque o fedor que entrava pelas casas era tão grande — e não apenas no verão — que as pessoas eram obrigadas a manter as janelas fechadas. Ou então recordo que em Maddaloni, na província de Caserta, em 2008, as escolas foram fechadas, os funcionários dos Correios cruzaram os braços, as feiras foram suspensas. Uma professora de Boscotrecase me contou que todas as manhãs sai de casa em seu automóvel e vai para Nápoles, onde leciona, levando atrás de si o mau cheiro do monturo, que fica impregnado nos assentos do veículo e em sua roupa, a tal ponto que os alunos zombam dela.

Afinal, por que toneladas de sacos de lixo se amontoam nas ruas de Nápoles, às vezes chegando ao primeiro andar dos prédios? Por que isso não acontece em Gênova, em Milão, em Bolonha, mas em Nápoles sim? Na realidade, a resposta existe e é simples. O ciclo dos resíduos campanienses é baseado na primazia absoluta dos aterros. Mas ao longo do tempo esses depósitos de lixo se enchem e a Justiça os interdita. São fechados por problemas de capacidade, mas não só por isso: há vazamentos de chorume, o líquido criado pela infiltração de água nos detritos ou pela decomposição destes. Por conseguinte, a certa altura os caminhões já não podem jogar sua carga nos aterros e a imundície fica pelo caminho. Isso gera efeitos infernais, como as fogueiras, que são ateadas para tentar diminuir o volume do lixo. Há um território no Napolitano, o triângulo Giugliano-Villarica-Qualiano, que já é definido como "a terra dos fogos". É comum ver uma fumaça muito negra subindo às margens das estradas. A técnica é comprovada: os melhores a organizar as fogueiras são os garotos ciganos, jovens imigrados... Os clãs pagam cinquenta euros por acúmulo queimado. Eles circunscrevem os detritos com fitas de videocassete, jogam álcool e gasolina em cima e se afastam. Com um isqueiro, ateiam fogo à fita, que se transforma em pavio. Em poucos segundos, tudo se incendeia: restos das fundições, colas e borra de nafta, que, ardendo, contaminam de dioxina cada centímetro de terra.

Os aterros estão cheios por dois grandes motivos. O primeiro é que a coleta seletiva, que já começou com atraso em relação às outras regiões, não funciona, só é feita em poucos bairros de Nápoles (aliás, com resultados excelentes). Assim, há um enorme volume de lixo, que simplesmente vai se acumulando e ao longo dos anos obriga a criar novos aterros. De Chiaiano a Terzigno, quase 84% da imundície é indiferenciada e acaba nesses depósitos, ao passo que, por lei, deviam ser apenas 35%.

Aliás, nós, napolitanos, vivemos um paradoxo, pois a primeira cidade na Itália que adotou a coleta seletiva foi justamente Nápoles. Como se lê na Coleção das Leis e dos Decretos do Reino das Duas Sicílias ao tempo de Fernando II de Bourbon, em 1832 determina-se que os habitantes devem manter limpas as ruas diante de suas casas "tomando o cuidado de amontoar as imundícies ao lado das respectivas habitações e de separar delas todos os cacos de cristal ou de vidro que houver, depositando-os em uma pilha à parte". A pena para quem não respeitasse essa lei e não separasse o lixo era severa, podendo chegar até a detenção.

O segundo motivo é que se tentou resolver o problema com incineradores, que muitos estudiosos consideram extremamente danosos. Segundo uma norma europeia, deveriam ser incinerados os detritos que, ardendo, produzem energia. Mas, para obter esse resultado, os detritos devem atravessar um processo muito complexo. De cara, deve ser feita a coleta diferenciada para separar todo o lixo que será reciclado. As instalações para a produção do combustível derivado de resíduos (CDR) deveriam eliminar a umidade do lixo sólido, triturar tudo e formar os chamados fardos de resíduos, ou "ecofardos". Quase de imediato, porém, os ecofardos saídos das instalações campanienses tornaram-se não mais que "trouxas" nas quais eram atulhados os resíduos do modo como chegavam, o chamado "tal e qual". Além disso, o termovalorizador de Acerra só entrou em funcionamento oito anos depois que os ecofardos começaram a ser produzidos, e desde então funciona aos solavancos: projetado para queimar 2 mil toneladas de detritos, em setembro só conseguia queimar pouco mais de quinhentas.

Até a geografia do interior campaniense foi modificada pelos ecofardos. Quem circula pelo território entre Nápoles e Caserta encontra enormes pirâmides brancas e pretas. Tentou-se despachar os tais fardos para o Norte e o exterior, mas ninguém os quer, porque não foram produzidos do modo correto. Para descartar apenas os acumulados até hoje, seriam necessários 56 anos. Por outro lado, esses ecofardos amontoados também contêm umidade, que fermentou com o tempo. Não se sabe o que de fato há dentro deles: podem ser gases perigosos. Seria preciso abri-los, desmontá-los e recompô-los.

O que a política de centro-direita e de centro-esquerda tentou fazer foi desastroso e rasteiro. Cometeram-se muitos erros, tomaram-se decisões equivocadas. De 1998 a 2008, foram gastos cerca de 780 milhões de euros por ano em emolumentos, consultorias, aluguéis dos imóveis... Cerca de 8 bilhões de euros em dez anos, quase uma financeira! Antonio Rastrelli, presidente da Região da Campânia de 1995 a 1999, é o culpado por ter realizado um plano de escoamento acéfalo, que previa apenas instalações de incineração sem cuidar da coleta diferenciada. Antonio Bassolino é politicamente responsável por assinar um edital de concorrência que não podia funcionar, que priorizava a conveniência econômica e não as garantias tecnológicas do projeto industrial, e por não ter ficado atento. Mas o pior é que Bassolino assinou o convênio entre o Comissariado de Detritos e a Impregeco, sociedade nascida em 2002 da aliança entre o consórcio Ce4 (estrutura que a Procuradoria da República em Nápoles supõe haver estado à plena disposição do clã dos Casalesi, através dos irmãos Orsi) e outros dois consórcios do Napolitano (Na1 e Na3), para criar uma associação alternativa à da Fibe (sociedade do grupo Impregilo), que havia vencido a concorrência para o escoamento do lixo campaniense. Segundo os magistrados, um projeto prezado por Nicola Cosentino e pelos Casalesi, que assim pretendiam assumir a gestão de todo o ciclo dos resíduos. Bassolino se defendeu dizendo que não sabia: "Minha função e minhas múltiplas incumbências não me permitiam ter um conhecimento técnico e específico dos assuntos".

Para resolver o problema chamou-se em 2006 Guido Bertolaso, que propôs construir um aterro na reserva WWF de Serre e pouco depois se demitiu. Veio então Giovanni de Gennaro, um comissário de transição, de natureza estritamente militar, que executou e levou a termo as ordens e criou todos os aterros possíveis: Terzigno, San Tammaro, Sant'Angelo Trimonte, Savignano Irpino, Macchia Soprano e também o de Serre na reserva WWF. Em 2008 voltou Bertolaso, que sempre preferiu se concentrar no resultado, com decisões potencialmente perigosas para a saúde dos cidadãos e para a salvaguarda do território. Os aterros de Villaricca, cidadezinha vizinha a Nápoles, e o acúmulo de ecofardos são a demonstração visível e concreta de seu fracasso. Todos, com responsabilidades diversas, fracassaram. Ninguém jamais se ocupou efetivamente do saneamento das terras envenenadas. E o paradoxo é que o crime organizado já está de olho nesse negócio. Aqueles que contribuíram para poluir a terra pretendem agora, ao despoluí-la, ganhar ainda mais.

Quem se beneficiou desse estado de coisas foi a empresa que mais fatura na Campânia, a Camorra. O negócio da ecomáfia não conhece crises. Há um dado a ser levado em conta: somente em 2009, segundo os levantamentos da Legambiente, as ecomáfias realizaram um acúmulo ilegal de recursos superior a 20 bilhões de euros, cerca de um quarto de todo o faturamento das máfias. O faturamento das ecomáfias é equivalente ao da Telecom Italia e dez vezes o da Benetton.

Isso foi decidido em um momento preciso. Em 1989, reúnem-se em Villaricca camorristas de Pianura, empresários, maçons, amigos de políticos e proprietários de aterros para o jantar de batismo do sistema das ecomáfias. A Camorra se declara disposta a dar terras e barrancos para descartar os detritos tóxicos. Em troca, renuncia a uma parte do dinheiro que recebe dos empresários para dá-lo aos políticos, que assim lhe permitem descarregar a imundície sem controle, fechando o olho. Escolhe-se a Campânia porque é um entroncamento fundamental dos caminhos do lixo internacional em direção à África. Os detritos tóxicos são descartados no Magreb, na Libéria, no Chifre da África, na Somália, passando por Nápoles. Por que então não os fazer permanecer na Campânia? Poupa-se uma viagem, ganha-se mais.

Na Campânia, cada metro de terra tem sua carga própria de monturo. Até já aconteceu de um camponês, quando arava seu campo, encontrar liras rasgadas, descartadas ilegalmente. Também ocorre que os cemitérios façam exumações periódicas e removam aquilo que os coveiros mais jovens chamam de "os arquimortos", os mortos há mais de quarenta anos. Deveriam descartá-los, junto com todo o material cemiterial, através de firmas especializadas. Mas o custo do descarte é altíssimo. Então os diretores dos cemitérios dão uma gorjeta aos coveiros para que cuidem disso e sepultem tudo nos campos casertanos. Bastava cavar com as mãos e colheres de cozinha para encontrar caveiras e caixas torácicas.

Esses acúmulos de despojos eram tantos, como descobriu o NAS* de Caserta em fevereiro de 2006, que as pessoas, quando transitavam por perto, faziam o sinal da cruz, como se passassem por um cemitério.

Com os resíduos tóxicos até se constroem estradas. A via expressa que liga o entroncamento de Palma Campania às localidades do Vallo di Lauro — um caminho de fuga de 2,5 quilômetros, para o caso de erupção do Vesúvio — foi interditada pelos *carabinieri* de Nola em março de 2010: as chuvas primaveris fizeram emergir do asfalto fibras de amianto. Os 200 mil metros cúbicos de asfalto foram obtidos misturando amianto triturado, detritos especiais perigosos e terreno vegetal, proveniente da pedreira de Antonio Iovino.

Em Crotone, na Calábria, uma operação policial denominada Black Mountains revelou, em 2008, a presença de arsênico, zinco, chumbo, índio, germânio e mercúrio provenientes de uma indústria, os quais, em vez de serem acondicionados em um depósito, eram usados em construção: 350 mil toneladas de materiais tóxicos foram empregadas para construir habitações populares, chalés, um cais portuário, estradas e sobretudo os pátios de três escolas em Crotone e em Cutro. Os exames médicos feitos em 290 alunos das várias escolas detectaram altas "concentrações séricas" de zinco, cádmio, níquel, arsênico, urânio e chumbo.

Para as ecomáfias, é sempre fundamental encontrar terras e buracos onde possam despejar e esconder. Quando se escava para construir edifícios, os alicerces se tornam espaços ideais para ocultar o monturo. Tudo o que está vazio se transforma, para a Camorra, em espaço a ser preenchido.

* Nucleo Antisofisticazioni Sanità, setor da Arma dei Carabinieri encarregado do combate à adulteração industrial de produtos e, de maneira mais geral, da inspeção sanitária. (N. T.)

Muitas vezes os ecofardos são estocados em terrenos de camponeses e pequenos agricultores. A Camorra compra as terras dos camponeses a preços convenientes, muito inferiores aos preços de mercado, e depois as aluga ao Estado por milhões de euros anuais. Existem verdadeiros intermediários que se ocupam da compra e venda desses terrenos: assim que se sabe onde devem ser estocados os ecofardos, esses intermediários procuram os proprietários e adquirem o campo a preços baixos, especialmente quando se trata de gente que precisa de dinheiro imediato, como camponeses doentes de câncer ou sobrecarregados de dívidas, ou ainda famílias com filhos para casar.

Sempre me perguntei como é possível que os camponeses vendam suas terras para que nelas se derrame veneno. Sou meridional e, como todo meridional sabe, no Sul a fruticultura é sagrada, um dos nossos pontos fortes. Sempre exportamos limões, maçãs, peras, pêssegos e amêndoas para todo o mundo. Então, como é possível que os cultivadores diretos e os proprietários de terras tenham nos traído assim, vendendo uma parte de seu território para reduzi-lo a receptáculo de venenos? A verdade é que eles foram enganados. Nos anos 1980 e 1990, as grandes cadeias de supermercados os obrigaram a manter baixos os preços das frutas e verduras, com a desculpa de que, sem isso, iriam comprá-las na Espanha ou na Grécia. Não conseguindo enfrentar a concorrência, os agricultores foram obrigados a vender uma parte de seus terrenos aos clãs, que começaram a usá-los para o descarte de resíduos ilegais. Graças àquele dinheiro, os camponeses puderam continuar cultivando pêssegos, peras, maçãs, limões, ou seja, fazendo seu trabalho. Mas então chegou a peste, eles se venderam barato e a política os deixou sozinhos.

Lentamente, até mesmo a Camorra começou a discutir a questão desses venenos. É interessante a narrativa do ex-mafioso camorrista Gianfranco Mancaniello sobre uma reunião entre chefes que receberam de empresários do Nordeste a proposta de resolver o problema de algumas toneladas de lixo tóxico. Um deles começa a calcular em quantos depósitos e sob quais tapetes de terra os venenos podem ser lançados. Um afiliado recorda: "Mas, assim, nós contaminamos os lençóis freáticos". E o chefão responde: "*A noi che ce ne fotte, bevimm' l'acqua minerale*" (Nós não estamos nem aí, bebemos água mineral). As organizações criminosas se dispõem a fazer negócio com qualquer coisa e em qualquer condição. Lucro, lucro, lucro: são essas as três regras das organizações. Como se dissessem: se não o fizermos nós, o tráfico do lixo será feito por outros, que ficarão mais fortes que nós e não existiremos mais. Com essa lógica cobriu-se o Sul da Itália, particularmente a região de Nápoles e Caserta, de resíduos tóxicos, envenenando campos e estradas.

Mas nunca devemos esquecer que no Sul também são lançados os detritos do Norte. No início dos anos 1990, a Campânia tinha o maior número de depósitos legais de lixo em funcionamento. Poderiam servir por décadas e décadas, mas ficaram saturados antes porque foram enchidos ilegalmente por detritos provenientes do Norte. A partir desse momento, o sistema explodiu. Eis por que o lixo de Nápoles é o lixo de todos. Recordemos isso sempre que o Norte se recusar a ajudar o Sul, como se fosse um problema que não lhe concerne, sempre que os políticos do Norte se negarem a receber os detritos napolitanos. Na realidade o país é um só, é um sistema de vasos comunicantes. Ao revelar o lançamento de lixo tóxico do Norte na zona de Giugliano, o ex--mafioso Gaetano Vassallo declarou: "Os resíduos líquidos eram tão poluentes que, quando derramados, provocavam a morte imediata de todos os ratos".

A Campânia se tornou o local de despejo de muitas empresas do Norte da Itália, porque, no balanço de uma firma, a expressão "descarte de resíduos especiais" pesa muitíssimo. Recorrer a um intermediário que tem contato com os clãs significa baixar bastante esse custo. O custo de mercado para descartar corretamente os resíduos tóxicos impõe preços que vão de 21 a 62 centavos por quilo, sem incluir o transporte. Os clãs fornecem o mesmo serviço a nove ou dez centavos por quilo, transporte incluído. Uma economia de 80% sobre os preços de mercado.

Como fazem para descartar esses resíduos tóxicos, se eles são classificados pontualmente pelo Catálogo Europeu de Resíduos? O mecanismo é simples, chamam-no "*giro di bolla*", "golpe do formulário", e é aquele mecanismo que, com um toque mágico, permite transformar cargas de resíduos tóxicos, que teriam um alto custo de descarte, em um lixo inócuo a ser expedido sem problemas para o depósito. Cada carga de lixo é acompanhada por um documento, justamente um formulário, que informa o grau de periculosidade da substância. As empresas que querem economizar recorrem a um intermediário que transporta o lixo tóxico para o centro de estocagem. Aqui, o formulário é modificado simplesmente com uma canetada, ou então muitas vezes esse lixo venenoso é misturado ao lixo comum, a fim de diluir sua concentração tóxica e baixar o grau de periculosidade, inclusive na documentação.

Uma das coisas mais impressionantes é que às vezes as organizações conseguem não só esconder os resíduos tóxicos, mas também transformá-los em fertilizantes comerciáveis! Assim, os clãs conseguem ganhar dinheiro até vendendo os venenos, como demonstrou a investigação Operazione Mosca. São muitíssimas as investigações relativas ao tráfico ilícito de resíduos no eixo Norte-Sul. Esbocei uma lista delas:

- Cassiopea (2003): a cada semana, quarenta carretas lotadas de resíduos desciam do Norte para o Sul carregadas de cádmio, zinco, restos de tinta, lodo de depuradores, plásticos variados, arsênico, produtos das aciarias, chumbo.

- Madre Terra (2006): Procuradoria de Santa Maria Capua Vetere, entre Villa Literno, Castelvolturno e San Tammaro. Os toners das impressoras de escritórios da Toscana e da Lombardia eram descartados no meio da noite por caminhões que oficialmente transportavam fertilizantes obtidos por compostagem. As terras eram impregnadas de cromo hexavalente, um elemento químico que, se inalado, penetra nos glóbulos vermelhos e nos cabelos e provoca úlceras, dificuldades respiratórias, problemas renais e câncer de pulmão.
- Mosca (2004): descarte ilícito na Úmbria e em Molise de 120 toneladas de resíduos especiais de indústrias metalúrgicas e lixo hospitalar provenientes do Norte da Itália. Quatro hectares de terreno junto ao litoral molisano foram cultivados com adubo obtido desses resíduos. O trigo produzido continha uma concentração altíssima de cromo.
- Re Mida (2003): investigação da Procuradoria de Nápoles sobre 40 mil toneladas de resíduos provenientes do Centro e do Norte da Itália e lançados nos barrancos e nos terrenos da província de Nápoles.
- Adelphi (1993): uma das primeiras. A Direção Distrital Antimáfia de Nápoles investiga o transporte de lixo tóxico proveniente do Vêneto, da Lombardia e do Piemonte para a Campânia, em Pianura.
- Greenland (2002): a Procuradoria de Spoleto investiga a descoberta de lixo tóxico em seis empresas agrícolas na Úmbria, no Lácio, na Toscana e na Apúlia.
- Murgia Violata (2002): a Procuradoria de Bari investiga o transporte de resíduos tóxicos de Toscana, Lácio, Lombardia, Vêneto e Ligúria, descartados em terrenos agrícolas da Província de Bari.

- Econox (2002): a Procuradoria de Cosenza investiga o transporte de resíduos tóxicos provenientes da Calábria, do Lácio e da Campânia para Cosenza.
- Eldorado (2003): tráfico ilícito de detritos perigosos, que eram expedidos do Sul para a Lombardia a fim de ser "misturados" com terras da varredura de ruas milanesas e outros materiais, para depois passar como lixo não perigoso descartado em um aterro da Apúlia.
- Dirty Pack (2007): investigação da Procuradoria de Nápoles. Dezesseis denúncias e cinco interdições de empresas por tráfico ilícito de resíduos tóxicos e perigosos, produzidos por processamentos siderúrgicos de empresas operantes em Udine e em Brescia e dirigidos para a Campânia.

Com o negócio dos resíduos, ganham todos. Ganham as organizações criminosas. Ganha a política. Ganham as empresas de coleta: as campanienses estão entre as mais importantes da Itália, inclusive são capazes de competir com os maiores grupos do mundo. Ganham os consórcios, ou então várias comunas que se reúnem para conseguir preços mais convenientes pela coleta diferenciada, tornando-se porém o reino do clientelismo, das concorrências falseadas, das faturas infladas. O lugar onde política, clãs e empresas se encontram.

A investigação conduzida pelos promotores Alessandro Milita e Giuseppe Narducci demonstrou que esses consórcios se tornaram o verdadeiro núcleo de poder das organizações criminosas. No centro da investigação está a relação entre o ex-subsecretário Nicola Cosentino e a atividade empresarial, no setor dos resíduos, dos irmãos Sergio e Michele Orsi, este último assassinado pela ala exterminadora do clã dos Casalesi em junho de 2008, pouco depois de começar a prestar declarações aos magistrados. As empresas dos Orsi, como a sociedade mista Eco4, são consideradas pelo juiz de investigações preliminares "geneticamente conectadas e funcionais à Camorra dos Casalesi". Segundo o ex-mafioso Gaetano Vassallo, Cosentino teria exercido um controle absoluto de "contratações, nomeações e cargos", a ponto de afirmar: "A Eco4 sou eu". Para Michele Orsi, 70% das contratações na sociedade foram "efetuadas em concomitância com os prazos eleitorais".

Nos depósitos e nos campos campanienses lançou-se de tudo. Em Giugliano della Campania, nas localidades Schiavi e Tre Ponti, foram 590 mil toneladas de lodo e chorume contendo amianto, além de lodo contendo tricloreto de etileno; de vários centros chegam a cada ano 600 mil toneladas de pneus e detritos industriais.

No depósito de Pianura, entre 1988 e 1991, lançaram-se os seguintes detritos provenientes da Acna [Azienda Coloranti Nazionali e Affini] de Cengio (Savona), produtora de corantes: 1,3 bilhão de metros cúbicos de lodo, 300 mil metros cúbicos de sais sódicos, 250 mil toneladas de lodo venenoso à base de cianeto e 3,5 milhões de metros cúbicos de piches nocivos contendo dioxinas, aminas, compostos orgânicos derivados de amoníaco e contendo azoto.

Nos campos de Acerra, entre 1995 e 2004, despositou-se 1 milhão de toneladas de lodos industriais provenientes de Porto Marghera e 300 mil toneladas de solventes clorados.

Nos territórios de Bacoli, Giugliano e Qualiano, despejou-se 1,8 toneladas de detritos "não perigosos", 190 mil toneladas de resíduos de origem hospitalar, parcialmente radioativos e 2 milhões de toneladas de entulho de obras.

A agricultura desses lugares, que exportavam verduras e frutas até para a Escandinávia, desabou. As frutas passaram a nascer doentes, as terras ficaram áridas e perderam a fertilidade. E morria-se continuamente de câncer. Os dados são impressionantes.

Segundo uma pesquisa feita em 2008 pelo Instituto Superior de Saúde, nas províncias de Nápoles e Caserta há um aumento da mortalidade por tumores de pulmão, fígado, estômago, rins e bexiga, além de malformações congênitas. Essas doenças se concentram sobretudo entre as duas províncias, onde são mais numerosos os locais de descarte ilegal dos resíduos tóxicos. A Organização Mundial da Saúde também fala de um aumento vertiginoso das patologias de câncer nessa zona: o percentual é 12% superior em relação à média nacional. Em muitas partes do território, o câncer não é uma fatalidade, mas sim causa de uma escolha específica, decretada pelo empresariado criminoso e que muitos, demasiados, têm interesse em perpetrar. As doenças ligadas à presença de resíduos tóxicos são uma praga silenciosa de que ninguém fala, difícil de monitorar, até porque, com frequência, quem pode vai se tratar no Norte.

No entanto, quantas vezes nos disseram que a emergência havia acabado? Quantas vezes nos disseram: "Já resolvemos"? Somente nos dois últimos anos, Silvio Berlusconi declarou sete vezes que a crise estava solucionada:

> 1º de julho de 2008: "Até o final de julho, a comuna de Nápoles e as da província napolitana estarão limpas".
> 18 de julho de 2008: "A emergência está superada, descartamos 50 mil toneladas de lixo, Nápoles e a Campânia voltam a ser cidades ocidentais, organizadas e limpas".
> 26 de março de 2009: "A data de hoje é histórica para a Campânia, com a inauguração do termovalorizador de Acerra sai-se definitivamente da emergência".
> 30 de setembro de 2010: "O governo resolveu completamente o problema do lixo".
> 22 de outubro de 2010: "Daqui a dez dias, a situação em Terzigno voltará à normalidade".

28 de outubro de 2010: "Dentro de três dias, não haverá mais lixo em Nápoles".

2 de novembro de 2010: "Havíamos assumido o compromisso, resolvemos tudo em poucos dias".

A última frase é de 2 de novembro de 2010. Mas, em dezembro, ainda havia 3 mil toneladas de lixo em Nápoles e 8 mil em toda a província. Quando vocês ouvirem "Terzigno", quando virem as pessoas bloqueando os caminhões e se perguntarem por que elas protestam, por que fazem tanto barulho, recordem que o desespero delas é filho do medo de um envenenamento.

Na ótica do governo, a solução para remover o lixo das ruas é sempre o aterro: criar mais um aterro, o segundo no Parque Nacional do Vesúvio. Era um lugar belíssimo, onde os imperadores romanos iam passar férias. Agora está coberto de monturo. Os habitantes de Terzigno já não toleram que a solução para tirar a sujeira das ruas seja jogá-la em um depósito qualquer, sem controle, como se fez até agora, envenenando ulteriormente o território. Aquela é uma terra já envenenada. Eis por que eles não confiam, eis por que fazem tanto barulho. Dezesseis anos de emergência deprimem a alma de um povo inteiro, destroem-na. Dezesseis anos de crise do lixo afastaram de Nápoles os capitais, fizeram com que os napolitanos fossem identificados com a sujeira e até perdessem toda a esperança de ver sua cidade mudar.

Ocorre-me um trecho de Eduardo de Filippo, extraído de uma série da RAI que se chamava *Peppino Girella*:

"O que você quer fazer, André? É bobagem."

"Até isso é bobagem, não? É sempre bobagem. É sempre bobagem, temos resolvido todas as situações assim: é bobagem. Não temos o que comer, é bobagem; falta-nos o mínimo, é bobagem; o patrão morre e eu perco o emprego, tudo bem, é bobagem; negam nosso direito à vida, é bobagem; tiram nosso ar, o que fazer? É bobagem. É sempre bobagem... Como você é bonita, como era bonita, e olhe para mim, que virei uma fúria e digo: é bobagem, viramos duas bobagens, você e eu."

Tais palavras se agarram com as unhas às nossas consciências, sobretudo quando se é napolitano. Eles lhe negam o direito à vida, tiram-lhe o ar: "É bobagem". É isso que acontece sempre que suportamos, que acreditamos nas promessas e acolhemos os políticos como libertadores. Mas, à força de suportar, à força de considerar tudo orgânico, à força de considerar tudo como "bobagem", corremos o risco de nos tornar uma "bobagem", nós também.

6. A maravilhosa habilidade do Sul

Gostaria de contar uma história de coragem e, creio, também de felicidade. A história de um homem do Norte que se mudou para o Sul. De um bresciano que aos catorze anos começa a trabalhar em uma fábrica, a trabalhar com aço.

Estamos na década de 1960. Há um clima de lutas sindicais, e Giacomo Panizza se apaixona pelos temas sociais. Aos 23 anos, porém, decide entrar para o seminário, tornar-se padre. O bispo de seu território o convida a cuidar de deficientes, de pessoas diversamente hábeis. De "*handicapped*", como diria alguém. O padre Giacomo fica sabendo que uma comunidade de deficientes da Calábria pediu ajuda a Brescia. Não existem estruturas de suporte, com frequência eles são demitidos dos empregos, as famílias não conseguem acompanhá-los, as administrações locais os consideram meio homens e meio mulheres. É uma história como tantas outras. Só que esse jovem sacerdote resolve deslocar-se ele mesmo para o Sul, em vez de transferir essas pessoas para o Norte.

Quando chega, as coisas não são muito fáceis. O padre Giacomo tem um forte sotaque bresciano, sempre viveu em Brescia, onde falava seu dialeto. A Calábria lhe parece outro universo, com outros ritmos, outra língua, outro modo de estar no mundo. Além disso, sua paróquia é dividida em oito frações e há problemas logísticos. Mesmo assim, ele vai em frente e funda uma associação à qual dá o nome de Progetto Sud: um projeto que procura aproximar, reunir pessoas diversamente hábeis e pessoas ditas normais, numa comunidade que pretende discutir a deficiência. E que considera as máfias um obstáculo à realização, ao conjunto, à solução dos problemas em equipe.

Há um momento nessa história que, para mim, revela de modo claro o sentido de coragem, de fazer as coisas corajosamente. Em 1996, em Lamezia Terme, um imóvel no bairro do clã dos Torcasio é confiscado. É o palacete do chefão. O confisco tem um enorme valor simbólico, pois significa dizer: os bens que vocês construíram com dinheiro sujo são restituídos à comunidade. Os Torcasio pertencem a um dos dois clãs que há anos dominam o território lamentino. O outro é o dos Giampà. Uma guerra entre os dois começa em 29 de setembro de 2000 com o assassinato de Giovanni Torcasio, chefe da *cosca*, pela família Giampà. Isso desencadeia uma série de homicídios que envolvem alternadamente uma ou outra facção, mais de vinte mortos em cerca de dois anos. Para encerrar essa vendeta, pensa-se em um casamento, ou seja, tenta-se fazer uma Torcasio desposar um aliado dos Giampà, Giovanni Cannizzaro. Na realidade, a história do casamento é uma trapaça: de fato, Giovanni leva para a casa da noiva uma cesta de Páscoa forrada com três quilos de explosivos e ligada a um detonador remoto. Algo dá errado, a engenhoca não explode e então os Cannizzaro decidem resolver a questão pessoalmente: empunham uma calibre 7,65 e começam a disparar contra as vítimas designadas, matando Nino Torcasio e ferindo gravemente seu irmão Domenico.

Era esse o clima que se respirava em Lamezia durante aqueles anos. E era por isso que, embora a casa tivesse sido confiscada, ninguém queria viver lá. Os guardas urbanos, quando o prefeito quer lhes atribuir o imóvel, ameaçam uma greve e dizem que não precisam do novo espaço. Não é verdade, pois logo depois eles serão transferidos para outro prédio. Ninguém quer ir para lá por duas razões: a primeira é que se trata de um palacete simbólico, que sempre foi habitado por Giovanni e Antonio Torcasio. A outra é que, a seis metros dali, há outro palacete, onde continuam morando justamente os Torcasio. Na verdade, as casas são vizinhas, com entradas e saídas estruturadas de um modo que permite escapulir rapidamente de uma para outra, em caso de perigo.

Em 2002, seis anos depois do confisco, o então comissário provincial *pro tempore* de Lamezia Terme, Dino Mazzorana (o Conselho Comunal havia sido dissolvido por infiltração mafiosa), pergunta ao padre Giacomo se ele se anima a tomar posse da casa que ninguém quer. O padre Giacomo aceita, era tudo o que queria. Ele tem aquela comunidade de pessoas ao seu redor, com famílias que não conseguem acolhê-las, gente demitida do emprego, que tem necessidade de construir uma vida cotidiana e encontrar um lugar para morar. São pessoas distróficas, pessoas com dificuldades motoras, pessoas com problemas cognitivos. Diz que sim.

As chaves são entregues ao padre. Mas, assim que ele se apresenta, Antonio Torcasio (irmão de Giovanni, assassinado alguns anos antes), recém-saído da prisão, procura-o e diz: "Nesta casa, ou moramos nós ou não mora ninguém". Porque as máfias fazem assim com seus bens: quando um deles é confiscado, incendeiam-no, arrancam tudo, do piso às maçanetas. Querem deixá-lo abandonado, como mensagem aos cidadãos: viram o que o Estado faz? Deixa tudo largado, confisca mas depois não cuida. De fato, o padre Panizza diz: "Quando eu entrava, sempre faltava alguma coisa. Dos aquecedores à instalação elétrica. Num dia havia uma banheira de hidromassagem, no dia seguinte ela já não estava lá".

Mas o padre Giacomo não se deixa intimidar e vai olhar a

casa, para estudar como torná-la acolhedora. Uma senhora o chama "padre do diabo e não de Deus". Há muitas coisas a mudar naquela casa: antes de tudo, é preciso fazer obras para derrubar as barreiras arquitetônicas, e, portanto, é necessário procurar uma empresa, alguns operários. Mas em Lamezia nenhuma firma quer contrariar os Torcasio, que administram o cimento. Todas respondem: "Padre Giacomo, para o senhor, o que quiser. Mas não queremos nos meter com os Torcasio. Temos família". A reforma levará sete anos para ficar pronta!

As obras também são necessárias porque a entrada da casa confiscada é comum àquela ainda habitada pelos Torcasio: sempre que o padre Giacomo vai até lá, precisa tocar a campainha deles para entrar. Durante uma dessas visitas, é novamente ameaçado por Antonio, que lhe diz: "É preferível explodir tudo isto aqui a deixar entrar os mongoloides!". Por essa ameaça Antonio Torcasio será detido, mas depois fará um acordo e será condenado a oito meses de prisão domiciliar, justamente na casa que fica a seis metros de distância da comunidade. Desafio máximo.

O padre Giacomo é posto sob escolta. O programa de proteção o obriga a seguir algumas regras: não pode permanecer muito tempo no mesmo lugar, não pode frequentar certos locais, deve mudar seu trajeto com frequência, não pode ir ao barbeiro. No início, ele não entende. "Por que não posso?", pergunta. Explicam-lhe que costumam eliminar as pessoas quando elas saem do barbeiro — atiraram nesse momento, passando o recado que o sujeito se embelezou para a foto da lápide.

Depois das ameaças, ele passa a ter um sonho que sempre se repete: vê dois homens, pistola em punho, perseguindo outro homem, que afinal não consegue mais correr e cai. Os perseguidores o alcançam, alvejam-no e fogem. Então o padre Giacomo se aproxima e constata que na realidade o homem morto no chão é ele mesmo.

Apesar de tudo, não se detém, segue em frente. Descobre como mudar o nome do morador nos contratos de gás e luz. Mas, na administração comunal, dizem que é preciso fazer os contratos a partir do zero, porque ali não consta ninguém. "Mas como? Havia cozinhas, luminárias, banheiras de hidromassagem." "Sim, mas os contratos não estavam em nome de ninguém." Quem pagava? Como acontece frequentemente nos territórios da máfia, o imóvel era ilegal, e assim também todos os fornecimentos. Haviam até obrigado o técnico da energia elétrica a fazer um "gato" na rede.

Apesar de todas as dificuldades, das ameaças, dos atrasos, a comunidade foi instalada, e hoje está em funcionamento. Dentro dela vivem e trabalham pessoas deficientes. Aqui, entendi realmente o que significa a expressão "diversamente hábil". Não é um modo gentil de dizer "deficiente": diz respeito a um talento que os ditos normais não têm. Naquele contexto de relações de força, pela primeira vez os chefões topam com um padre que lhes diz: "Vejam, eu nunca virei aqui armado, nós fazemos apenas atividades sociais". O fato é que eles viam gente em cadeira de rodas, pessoas desarmadas que, com sua debilidade, afirmavam com força e veemência o desejo de legalidade. Até então, nenhuma das edificações confiscadas em Lamezia Terme era utilizada. A administração comunal jamais conseguira repassar nada a ninguém. Os chefões não podiam aceitar que pessoas em cadeira de rodas pudessem derrotá-los.

A uma certa altura, há cerca de um ano, a comunidade do padre Giacomo sofre um atentado sorrateiro, covarde. Uma noite, diante de outra sede do Progetto Sud, um centro de reabilitação, alguém danifica os freios dos automóveis de dois deficientes que atuam na comunidade, dois carros adaptados para o transporte dessas pessoas. Estão estacionados no alto de uma viela muito íngreme, que desemboca em duas curvas fechadas em uma rua movimentadíssima. Por sorte, um dos motoristas, ao ligar o carro, logo percebe que o pedal não responde e consegue puxar o freio de mão. O outro carro, felizmente, é retido por uma árvore.

A força dessa história é que ela demonstra uma verdade. Viver e trabalhar naquele imóvel significa transmitir à cidade de Lamezia Terme uma mensagem: se é possível recuperar a casa dos chefões, talvez seja possível recuperar a sociedade. A comunidade do padre Giacomo serviu de cobaia, abriu o caminho para a utilização de outros bens confiscados, deixou o sinal. E o padre Giacomo, um homem do Norte, compreendeu perfeitamente a força do Sul. Não basta chegar e simplesmente fazer as coisas bem-feitas. Você deve chegar e transformá-las. Transformá-las com os talentos que tem, sem ir procurá-los em outro lugar. Só assim, quando é obrigado a viver diferentemente, você está desenhando um país diferente.

Eu fiquei sabendo dessa história porque o padre Giacomo, muito tempo atrás, me convidou para ir até lá. Vi como se vive, vi como aquilo que falta em uma pessoa se tornou, ali, um valor agregado. Não há resignação, há vontade de fazer. A partir da reunião daquelas pessoas, o padre Giacomo foi capaz de fazer o que todos os outros não tinham conseguido.

Uma senhora portadora de deficiência, dona Emma, que trabalha na comunidade, disse:

> Antes de ser deficiente, sou uma pessoa com direitos e deveres. Assim, pensei que, além dos direitos, eu também tinha responsabilidades em relação ao território, pois trata-se de um território com uma grande chaga, que é a da 'Ndrangheta, e isso não me deixa bem, sinto-me abafada nesse clima tão pesado. Posso aceitar a deficiência, que é um fato natural, mas não o sofrimento provocado pelo homem.

7. O terremoto em L'Aquila

Em julho de 1883 o filósofo Benedetto Croce passava férias com a família em Casamicciola, na ilha de Ischia. Era um jovem de dezessete anos. Estava à mesa para jantar com a mãe, a irmã e o pai, que se preparava para sentar. De repente, viu o pai flutuar, como se não tivesse peso, e em seguida afundar no piso, enquanto a irmã era impelida para o alto, em direção ao teto. Aterrorizado, procurou a mãe com o olhar e encontrou-a na sacada, de onde os dois caíram juntos. Desmaiou e ficou soterrado até o pescoço em meio aos escombros. Durante muitas horas o pai conversou com ele, até não falar mais. Disse: "Dê cem mil liras a quem o salvar". Benedetto será o único sobrevivente da família, massacrada pelo terremoto.

A história dos terremotos faz parte da história da Itália. Não há família que não recorde uma experiência vivida direta ou indiretamente. No meu caso, são as narrativas de minha mãe sobre o terremoto da Irpínia em 1980. Eu tinha um ano, e com frequência minha mãe me conta as noites passadas no carro, à base de vitaminas de frutas. A experiência do terremoto não é estranha aos italianos. No entanto, sempre que acontece um, parece o primeiro, parece a primeira vez em que se vive um drama desses. A cada vez temos a sensação de estar despreparados, ou pelo menos é o que parece quando observamos o que aconteceu em L'Aquila.

Desde os anos 1990, L'Aquila havia conseguido um milagre: tornar-se uma cidade universitária. Como Urbino e outros burgos da Itália central, conseguira ser uma verdadeira cidadela de estudos. Esses burgos são a versão italiana dos *colleges* americanos, ou melhor, são mais belos que os *colleges*, porque são lugares que parecem já naturalmente predispostos a se tornar comunidades. O sangue jovem chega a essas cidades e as subverte: as noites ficam mais longas, as ruas, mais habitadas, os aluguéis, mais altos; a vida começa a se transformar, acolhendo os ritmos típicos de um lugar jovem, cheio de estudantes provenientes de várias partes da Itália e do exterior.

Em L'Aquila existe um edifício muito conhecido: a Casa do Estudante. Moram ali 120 alunos de fora, em cinquenta quartos. O edifício, de meados dos anos 1960, tem sete andares. É uma casa movimentada o dia inteiro: refeitório, sala de computadores, escritórios administrativos. Para viver nela é preciso ganhar uma bolsa de estudos, portanto estar em dia com os exames e ter uma média alta. Em suma, é preciso merecer o leito naquela residência à via xx Settembre, 46.

Marco vive na Casa do Estudante, no quarto 208. Tem 21 anos e vem de Sora, província de Frosinone. Está em L'Aquila para estudar psicologia, cursa o terceiro ano, não lhe falta muito para o diploma. Até o ano anterior, morava no Colégio Universitário Salesiano, mas Marco é estudioso, tem notas altas, conseguiu a bolsa de estudos e o alojamento na Casa do Estudante da via xx Settembre.

Luciana mora na mesma casa, no terceiro andar, no quarto 308. Tem dezenove anos e é oriunda de San Giovanni Rotondo. Está em L'Aquila para estudar medicina, porque tem um sonho:

usar o jaleco branco. O mesmo sonho de Michelone, quarto 407/S, que na realidade se chama Hussein Hamade. É um jovem árabe--israelense que veio para cá estudar medicina. Sobre seu futuro, Michelone tem ideias muito claras: depois da formatura, pretende se especializar nos Estados Unidos, mas, antes de partir para a América, quer se casar com Chezia, uma garota italiana que ele conheceu aqui em L'Aquila e que mora alguns andares abaixo, na mesma Casa do Estudante.

Angela também se apaixonou em L'Aquila. Tem 22 anos e é de San Nicandro Garganico, Puglia. Mudou-se para cá a fim de estudar engenharia, conseguiu lugar no quarto 312 e conheceu Francesco, um rapaz de L'Aquila que trabalha como vigia noturno nesse mesmo prédio.

Já Luca, ao vir para L'Aquila, teve de se afastar da namorada. Em Rieti, sua cidade, deixou Giada. Os dois se conheceram no colégio e desse amor nasceu uma menina, Marta, que agora tem sete meses. Não foi uma decisão fácil, ter um filho enquanto ainda estavam estudando, mas tiveram, sem renunciar aos seus sonhos. Ela quer ser musicista e estuda no Conservatório, ele quer ser engenheiro de informática e por isso veio estudar aqui. Luca divide com Marco, o jovem de Sora, o quarto 208, no segundo andar.

Alessio tem uma namorada, Marianna, na Casa do Estudante. Não moram no mesmo andar, mas das janelas conseguem se ver. Foi justamente para ficar perto dela que, meses atrás, ele se mudou do apartamento privado onde vivia para o quarto 412/A da Casa. Também ganhou uma bolsa de estudos e só lhe faltam quatro exames para completar o curso de especialização em informática. Tem muitos projetos: depois de formado, gostaria de ter uma experiência no exterior e aprender um novo idioma. Estuda muito, mas é um companheirão, e gosta de jogar basquete.

Já Davide joga vôlei, como líbero, no Magica Team. É de Vasto, província de Chieti, mas veio para L'Aquila estudar engenharia gestional. Cursa o primeiro ano, mas já prestou três exames. Saiu-se bem em todos e está muito contente. Logo depois da Páscoa, terá de prestar o mais difícil: análise matemática 2. Deve forçosamente fazê-lo, porque do contrário pode perder a bolsa de estudos que lhe permite morar na Casa do Estudante, no quarto 411/B. Davide tem sempre um sorriso nos lábios, embora sua vida não seja fácil: há pouco tempo uma doença levou seu pai e ele se tornou o ponto de referência da família.

Na noite de 5 para 6 de abril de 2009, só uns trinta jovens estão na Casa do Estudante. Durante o fim de semana, muitos foram para seus locais de origem: faltam poucos dias para a Páscoa, alguns resolveram antecipar uns dias de férias e regressar logo depois. Outros ainda não voltaram à Casa porque estão apavorados com os contínuos abalos que há mais de quatro meses fazem a cidade estremecer. Tinham medo, também por não se sentirem seguros naquele edifício. Escutavam rangidos depois de cada abalo, e nas paredes se abriam rachaduras que ficavam cada vez maiores. Muitos, com medo do terremoto, resolveram desafiar o frio e dormir ao ar livre: até organizaram uma espécie de Noite Branca dos moradores da Casa do Estudante. Inclusive Michelone foi convidado, mas renuncia, porque dentro de poucos dias terá um exame. Além disso, como árabe-israelense, está habituado às emergências e, diante de seus amigos que temem o terremoto, atenua: "Gente, vocês acham que eu, acostumado aos camicases, em Gaza, vou acabar morrendo aqui, no meio dos pastores?". Sua família o ajudou a se afastar de uma terra martirizada para que ele tivesse um futuro melhor.

Assim, na Casa do Estudante só permaneceram aqueles que ainda têm aulas a acompanhar ou exames para os quais estudar. Marco, o aluno de psicologia, chegou às dez da noite, depois de passar o fim de semana com a família, em Sora. Antes de ir dormir, telefonou à mãe para avisar que estava tudo bem e que manteria o celular ligado durante a noite; assim, em caso de abalos, eles se falariam. São todos estudantes de fora, muitos não estão habituados aos terremotos. Angela, a moça de Puglia, está apavorada, e então pede ao seu namorado de L'Aquila, Francesco, que fique para dormir com ela. Francesco não estaria de plantão como vigia naquela noite e então fica com ela para tranquilizá-la.

Naquela noite, ninguém quer dormir sozinho. Luciana e Antonella pedem a Davide que desça ao terceiro andar, para que os três durmam no mesmo quarto: em caso de terremoto, fugiriam todos juntos. Às 22h44 há um primeiro abalo: a mãe de Davide telefona para lhe pedir que saia do prédio, mas ele está cansado, quer dormir para estar bem-disposto no dia seguinte. Além disso, lá fora faz frio. Já Alessio e a namorada, Marianna, amedrontados, decidem sair e ir ao encontro da irmã de Marianna, que também mora em L'Aquila e tem uma casa que dá para um jardim, de onde é fácil fugir em caso de perigo. A irmã de Marianna os convida para dormir lá, mas Alessio tem aula na manhã seguinte, precisa acordar cedo. E além disso a casa da irmã de Marianna não lhe dá segurança. Ele prefere voltar para seu quarto na Casa do Estudante. Então deixa Marianna com a irmã e volta à via XX Settembre. É 1h30. Ezio, seu companheiro de quarto, ainda está acordado. Os abalos não o deixam dormir. Alessio e Ezio ficam conversando para enganar o medo e resolvem dormir vestidos e calçados, para o caso de precisarem fugir. A escada é vizinha ao alojamento deles: se sentirem o prédio estremecer, podem alcançá-la rapidamente.

Às 3h32 vem o abalo mais forte: um abalo de 5,8 graus na escala Richter, que faz desabar a ala norte da Casa do Estudante. O balanço definitivo do terremoto falará em 308 vítimas (entre elas 53 estudantes universitários e vinte crianças), 1,5 mil feridos, mais de 65 mil evacuados e 23 mil casas destruídas em cinco províncias: Teramo, Pescara, Chieti, Ascoli Piceno e L'Aquila. Na Casa do Estudante, os telefones começam a tocar: muitos, como o de Davide, não respondem. O quarto no terceiro andar, onde ele dormia com Luciana e Antonella, desabou numa espécie de efeito dominó sobre o andar de baixo, depois sobre o primeiro, depois sobre o térreo, até afundar no refeitório, no subsolo. Só Antonella consegue miraculosamente se salvar. Luciana e Davide, não.

Já o celular de Alessio não toca. Em Penne, na província de Pescara, seu pai, Roberto, também sente o tremor e começa a ligar para ele, mas talvez as linhas estejam congestionadas. Então, liga a televisão e vê que L'Aquila é o epicentro. Vê que na Casa do Estudante os bombeiros estão ajudando os jovens a sair. Alessio é daqueles que sempre avisam, nunca deixam a família preocupada. O pai começa a se desesperar. Telefona a um amigo do rapaz, que lhe diz: "Estou ligando para todo mundo, Alessio é o único que não atende!". Roberto tenta falar com vários serviços em L'Aquila: *carabinieri*, bombeiros, polícia. Ninguém atende, ou, se atendem, pedem que ele deixe a linha livre para as emergências. Mais tarde, às 4h30, pela namorada de Alessio, Marianna, que havia dormido na casa da irmã, Roberto consegue saber que o filho estava preso nos escombros, mas que estavam escutando os gritos de Ezio, o colega de quarto: então, os dois devem estar vivos... "Quando ouve que a pessoa está presa, você imagina portas e janelas trancadas, mas eles estavam dentro, com um prédio inteiro em cima, e não podiam sair." Com seus outros filhos, Roberto parte de Penne para L'Aquila. Está amanhecendo e encontram tudo bloqueado. Quando chega à Casa do Estudante, Roberto vê Marianna, que lhe repete: "Fique tranquilo! Estamos ouvindo Ezio!". Às 10h30 os bombeiros tiram Ezio, vivo. O pai de Alessio se alegra, reacende-se a esperança também por seu filho. Afinal, os dois colegas dormiam no mesmo quarto, separados só por um criado-mudo: se Ezio está vivo, Alessio também deve estar. Os bombeiros continuam escavando e aos poucos vão lhe trazendo objetos de Alessio: a mochila do laptop, um saquinho cheio de bilhetes de parabéns pela láurea trienal, a capanga da qual ele não se separava nunca. A certa altura, o pai pergunta ao bombeiro: "Mas e o meu filho, quando é que você vai me trazer?". Às 15h30 o bombeiro sai de novo, com a carteira de Alessio: "Ele me abraçou, e eu entendi".

O corpo de Alessio foi o primeiro a ser retirado dos escombros. Depois dele, continuaram escavando e esperando. As buscas foram demoradas e difíceis, até porque não se encontrava uma planta da Casa do Estudante. Gabriele, um dos moradores que conseguiu se salvar, guiou os bombeiros para tentar encontrar seus amigos. Era ele quem indicava onde ficavam os quartos, quem estava dentro. Foram necessários três dias para recuperar os corpos dos outros sete jovens que não sobreviveram. Marco, Luciana, Michelone, Angela, Francesco, Luca, Alessio e Davide morreram sob os escombros na noite de 6 de abril.

Vítimas do terremoto, assim foram definidos. Mas talvez não seja isso. Segundo o relatório dos peritos nomeados pelo promotor da Procuradoria da República de L'Aquila, o desabamento da ala norte da Casa do Estudante seria resultante não só do terremoto, mas também de uma série de erros e falhas durante a elaboração do projeto, a execução das obras e as sucessivas adequações. Na perícia, lê-se que na ala desmoronada faltava uma pilastra que havia nas outras duas alas, que de fato aguentaram: uma pilastra que deliberadamente não foi incluída no projeto. Essa ausência provocou uma debilidade nessa parte da estrutura. A presença da pilastra teria sido crucial para evitar o colapso. A falta da pilastra — lê-se na perícia — representa uma das causas concomitantes do desabamento daquela parte do prédio.

Naturalmente, trata-se de avaliações e análises de uma das partes processuais, que deverão ser confirmadas ou não no decorrer do processo penal que responsabiliza onze pessoas. Na perícia, contudo, são evidenciadas as seguintes anomalias relativas à construção do edifício:

1) Nunca se verificou a adequação do edifício à prevista mudança de destinação e uso. Era um edifício adaptado para lojas, escritórios e habitação civil.
2) O edifício havia sido deixado em mau estado de conservação no que se refere aos elementos estruturais.
3) Os vergalhões na base das pilastras se encontravam em péssimas condições.
4) A qualidade do concreto magro utilizado era ordinária.
5) O projeto estrutural do edifício se caracterizava por graves erros de implantação e de cálculo.
6) Em uma zona altamente sísmica, não se levou em conta a força da ação sísmica.
7) Havia sido construído mais um subsolo, além do único previsto no projeto.
8) Haviam sido realizadas obras que não estavam de acordo com as autorizações certificadas.

Parece incrível, mas os jovens tinham percebido muito antes que naquele edifício alguma coisa não ia bem. Sentiam que ele não era seguro e viam que a situação, com os tremores contínuos, estava se agravando. As rachaduras se tornavam cada vez mais largas, os pregos entravam na parede com um simples empurrão do polegar. Não só isso: na sala do refeitório havia uma coluna mofada, "podre", dizem alguns estudantes, tanto que tinha sido isolada, dispondo-se as mesas o mais longe possível.

A sequência sísmica tivera início em meados de dezembro de 2008 com um leve tremor, mas a partir de janeiro os abalos se intensificaram. No decorrer de poucos meses, registraram-se quatrocentos tremores. Os jovens começaram então a fazer pesquisas por conta própria sobre os terremotos de L'Aquila e os arredores do prédio. Alguns até passaram a anotar dia por dia os abalos e sua magnitude. E quando uma aluna procura o administrador da Casa para saber se o edifício está em ordem, para ver algum documento que ateste a capacidade de resistência dele, ela é tranquilizada. Dizem-lhe que a Casa é antissísmica, que ela não deve se preocupar: "L'Aquila treme mas não desaba! [...] Antes que esta casa desmorone, L'Aquila inteira deve desmoronar. Esta é a zona mais segura da cidade". No relatório dos peritos da Procuradoria lê-se, ao contrário, que a Casa não só fora construída sem levar em conta a possível força da ação sísmica, mas também "com concreto magro ordinário". Ou seja, usara-se muita água para reduzir os custos, para economizar na segurança.

Quando, em 30 de março, uma semana antes da tragédia, houve um tremor mais forte que os outros, os estudantes pediram à empresa proprietária do imóvel que enviasse um técnico para fazer uma vistoria. Queriam saber se era perigoso permanecer na casa, se deviam deixá-la. O responsável pelo escritório técnico vem vistoriar o edifício, mas não assinala nada em especial. Está tudo em ordem, declara. Depois da vistoria, a representante dos estudantes se aproxima do arquiteto e diz: "Eu não vim da Calábria para morrer aqui". Mas o arquiteto a tranquiliza de novo. Se eles realmente tiverem medo, seu conselho é que durmam na sala de estudos, vestidos e calçados. A sala de estudos desabou.

A falta de segurança da Casa do Estudante não era apenas uma ideia dos jovens, que viam as rachaduras se alargarem e as colunas mofarem. A coisa havia sido registrada por escrito. Em 2006, a pedido da Região e da Defesa Civil, a sociedade Collabora Engineering, que mais tarde virou Abruzzo Engineering, tinha elaborado um estudo sobre os edifícios dos Abruzzi e, entre as 135 construções nas quais constatou "aspectos estruturais críticos", havia incluído a Casa do Estudante da via xx Settembre. Seria necessário 1,47 bilhão de euros para adequar estruturalmente a residência universitária e uma montanha de dinheiro para deixar em segurança todos os 135 edifícios analisados. No entanto, as denúncias dos estudantes não foram escutadas e várias vezes seus temores foram aplacados.

Também a comissão Grandes Riscos, que se reuniu em L'Aquila em 31 de março, seis dias antes do terremoto, tendia a não criar alarmismo. Estavam presentes membros da Defesa Civil, vulcanólogos e físicos, e para eles a situação estava dentro da norma, afinal de contas.

Diante de fatos desse gênero, ocorre-nos pensar em como é crucial fazer bem as coisas, como é fundamental respeitar as regras. Só depois da tragédia se compreende realmente que, se as regras tivessem sido respeitadas, se a possibilidade de fazer bem as coisas tivesse sido concedida às pessoas que o construíram, talvez aquele edifício não tivesse se tornado o túmulo de tanta gente. Só quando acontece a tragédia, o drama, compreendemos de fato que as regras não são em absoluto um modo de refrear os negócios, de pôr as empresas em dificuldade, mas sim uma maneira de defender a vida, de criar serenidade, de dar a todos a chance de viver sossegados. A história da Casa do Estudante, ao contrário, é o símbolo da conduta criminosa, amplamente difundida em nosso país, de todos os que construíram trechos de cidades com cimento ordinário, economizando nos materiais dos prédios e indiferentes ao fato de que dentro daquelas "bombas-relógio" morariam pessoas de carne e osso.

Em 6 de abril de 2009, edifícios inteiros, mesmo os mais novos, desabaram em poucos segundos, literalmente se esfarelaram. Prédios inteiros foram reduzidos a um monte de escombros por causa de um terremoto de média intensidade, que, muito provavelmente, não provocaria o mesmo desastre em outro lugar. Basta pensar que a Nova Casa do Estudante, uma edificação dos jesuítas que remonta ao século XVII, e que portanto seguramente não foi construída segundo os modernos critérios antissísmicos, permaneceu de pé. A Casa do Estudante da via XX Settembre era dos anos 1960!

As investigações sobre os desabamentos dolosos desencadeadas pela Procuradoria de L'Aquila abrangem cerca de duzentos edifícios. Entre eles, o hospital San Salvatore, inaugurado em 2000, que nem mesmo poderia ter começado a funcionar, pois nunca tinha recebido o alvará. Até 6 de abril de 2009, o hospital nem constava dos mapas cadastrais. Para o Estado, o imóvel não existia. O canteiro havia sido iniciado em 1972, mas a construção sempre foi complicada. Em 1980, o mesmo ano do terremoto na Irpínia, ainda estavam trabalhando nos alicerces do lado esquerdo. Um dos operários que participaram das obras, Pino, que hoje tem quase setenta anos, depois do terremoto se lembrou de como o hospital havia sido construído: "Aquele cimento armado era água. De um lado, o San Salvatore tem pilastras de areia". Pino recorda que denunciou o fato aos sindicatos, mas, uma semana depois, um sindicalista o aconselhou a calar a boca. Depois do terremoto, uma ala inteira do hospital San Salvatore desabou, e uma ampla parte do edifício ficou impraticável.

Marco, Luciana, Angela, Francesco, Alessio, Davide, Michelone e Luca não são apenas vítimas do terremoto, mas também da irresponsabilidade humana. Seu drama é o drama de todos. Em algum lugar, Gabriel García Márquez escreve que "a pátria é o lugar onde temos nossos mortos". Se percorrermos os nomes das crianças que perderam a vida no terremoto de L'Aquila, imediatamente salta à vista que muitos são estrangeiros: 22 de 308 vítimas. Antonio Ioavan Ghiroceanu é a vítima mais jovem do terremoto do Abruzzo. Ainda não tinha completado cinco meses. Nascido na Itália, era filho de Darinca e Laurentiu, um casal romeno de San Demetrio. Filhos de albaneses, romenos, ucranianos, moldávios chegados à Itália, ao Abruzzo, para trabalhar e encontrar um futuro melhor. Marta e Ondreiy tinham respectivamente dezesseis e dezessete anos e ganharam uma viagem da República Tcheca a L'Aquila como prêmio. Haviam sido considerados os melhores alunos do Instituto Técnico de Pardubice, a noventa quilômetros de Praga.

Quando as pessoas morrem juntas, significa que viveram juntas. Osmai Madi, um pedreiro macedônio de 42 anos, morava em Poggio Picenze com a família. O terremoto fez sua casa desabar. Osmai conseguiu salvar a mulher e uma das filhas, mas perdeu a outra, Valbona. No entanto, ao perceber que não havia mais nada a fazer por ela, continuou escavando pelos outros, de mãos nuas, a fim de resgatar outras pessoas. Salvou onze, de sete nacionalidades diferentes.

Seria bonito imaginar uma Itália onde os terremotos não fossem eventos vividos sempre como se fosse a primeira vez, uma Itália melhor, mais bem construída, capaz de resistir às ondas sísmicas. Em vez disso, parece que estamos vivendo sempre a mesma tragédia. Há pouco foi o aniversário do terremoto da Irpínia, e de novo parece que constatamos as mesmas situações, escutamos os mesmos dramas, ouvimos o mesmo desespero, vemos os mesmos subornos e as mesmas coisas que não funcionam. Algum tempo atrás, li por acaso estas palavras do poeta campaniense Franco Arminio, dedicadas ao terremoto na Irpínia, e tive a impressão de ver aquilo que aconteceu em L'Aquila.

Conza della Campania, 8 de outubro de 2000.

Há dias em que se morre em conjunto. São os dias das grandes desventuras. Um dia assim, nesta terra, foi 23 de novembro de 1980.

Hoje é domingo, no cemitério de Conza são onze da manhã. Os mortos do terremoto estão quase todos nas mesmas fileiras, um pequeno cemitério dentro do cemitério. Rostos de homens e mulheres de todas as idades. Rostos e histórias pelos quais nunca passei. Agora, de cada pessoa que vejo, eu queria saber o que dizia, o que fazia. Pela decoração da lápide às vezes se percebe que são pessoas de uma mesma família. Aqui está Luisa Masini, nove anos, com o gato nos braços. Embaixo dela, Valeria Masini, doze anos, e depois Maria, 43 anos, a mãe. O pensamento se dirige logo ao pai, sabe-se lá por onde anda no mundo, arrastando sua dor. Adiante, outra família: Gino Ciccone, 49 anos, em seguida Michele, de dez, e Alberto, de 21. Os que estão aqui certamente se conheciam todos.

8. A democracia vendida e o navio a vapor da Constituição

No final de 2010, os estudantes de toda a Itália tomaram as praças para protestar contra a reforma universitária proposta pela ministra Mariastella Gelmini. Ocuparam alguns dos principais monumentos italianos: a Torre de Pisa, o Coliseu em Roma, a Mole Antonelliana em Turim, a basílica de Santo Antônio em Pádua. Símbolos da Itália. O gesto deles tinha o objetivo de fazer o país despertar de mais de dez anos de torpor, da miopia que nos impediu de acreditar e investir no grande talento italiano, que é a cultura, o saber. É como se quisessem lançar esta mensagem: "A Itália que queremos, que sonhamos, que desejamos construir, deve recomeçar a partir destes locais". Foi um gesto ao mesmo tempo novo e antiquíssimo: vai-se à história da Itália para buscar a continuidade e, portanto, um futuro diferente. O futuro é conquistado reapropriando-se do passado, dos tesouros do passado italiano.

Um dos tesouros de nosso país é a Constituição italiana. Essa frase pode parecer um chavão, daqueles que os avós dizem quando querem nos dar lições. Mas eu compreendi que é isso mesmo quando li o discurso sobre a Constituição que Piero Calamandrei, membro da Assembleia Constituinte, fez aos estudantes da Universidade de Milão em 1955. Nesse discurso, Calamandrei diz que a Constituição "não é uma máquina que, uma vez acionada, avança por si só. A Constituição é um pedaço de papel: se eu a deixar cair, ela não se move. Para que se mova, é preciso alimentá-la com combustível a cada dia, é preciso inserir ali o empenho, o espírito, a vontade de manter essas promessas, a própria responsabilidade".

A Constituição, portanto, como forma que deve ser mantida sempre viva, com a própria responsabilidade, continuamente.

Talvez a revolta dos universitários italianos visasse justamente a defesa da Constituição. O artigo 34 fala do direito ao estudo:

> Os capazes e os meritórios, ainda que desprovidos de recursos, têm direito a alcançar os graus mais altos dos estudos.

A Constituição, falando com as palavras do jurista, é a linha de princípio. Um país deveria caminhar para a realização dos princípios que ela contém. Quer sejamos de direita, quer sejamos de esquerda, a Constituição é um ponto de partida e de chegada. Um modo de dizer: nós queremos ser assim, buscamos ser assim.

Qual é a tarefa da República em tudo isso? Calamandrei cita o artigo 3:

> É tarefa da República remover os obstáculos de ordem econômica e social que, limitando na prática a liberdade e a igualdade dos cidadãos, impedem o pleno desenvolvimento da pessoa humana e a efetiva participação de todos os trabalhadores na organização política, econômica e social do país.

Calamandrei acrescenta que é tarefa da República "dar trabalho a todos, dar uma justa remuneração a todos, dar escola a todos, dar dignidade humana a todos os homens. Somente quando esse objetivo tiver sido alcançado poderemos verdadeiramente dizer que a frase contida no artigo 1 — A Itália é uma República democrática fundamentada no trabalho — corresponde à realidade. Porque, enquanto não houver essa possibilidade para cada homem [...], não só não poderemos dizer que nossa República se fundamenta no trabalho, como nem sequer poderemos chamá-la democrática, porque uma democracia na qual não exista essa igualdade de fato, na qual só exista uma igualdade de direito, é uma democracia puramente formal, não é uma democracia na qual todos os cidadãos tenham realmente condições de concorrer para a vida da sociedade, de dar sua melhor contribuição, na qual todas as forças espirituais de todos os cidadãos sejam empregadas para contribuir nesse caminho, nesse progresso contínuo de toda a sociedade".

A indiferença à política, a não participação, eis o risco que Calamandrei temia. E no fundo é exatamente esse o objetivo da máquina da lama, do impiedoso mecanismo da deslegitimação. Fazer-nos chegar a dizer "São todos iguais", "Somos todos iguais". Responder à falência da política generalizando, dizendo "Somos todos iguais", é o melhor modo de fazer afundar o barco dentro do qual estamos todos.

A metáfora do barco, do navio a vapor, é usada justamente por Calamandrei, e eu sempre a achei muito bonita. É a história de dois emigrantes, dois camponeses, que atravessam o oceano em um vapor oscilante. Um desses camponeses dorme no porão, o outro está no convés e percebe que há uma grande borrasca, com ondas altíssimas, e que o navio balança. Amedrontado, pergunta a um marinheiro: "Estamos em perigo?". O marinheiro responde: "Se este mar continuar assim, dentro de meia hora o barco afunda". Então o camponês corre ao porão para acordar o companheiro e diz: "Beppe, Beppe, se este mar continuar assim, dentro de meia hora o barco afunda!". E o outro: "O que me importa? Ele nem é meu!". Isso é o indiferentismo, isso significa não participar. Mas não participar, considerar que aquilo que acontece ao seu redor não lhe diz respeito, significa entregar o país aos poderes que sabem organizar e gerir o consentimento, e que tiram tudo de você. Considerar o Estado algo separado de nós significa perder a possibilidade do direito. O Estado não é separado de nós, o Estado somos nós.

Aparentemente, as consequências não são todas negativas. Por exemplo, você pode usar a política para obter aquilo que o direito não lhe dá. Se não tiver emprego, você tenta obtê-lo votando naquele político; se não tiver um bom leito no hospital, você procura eleger o conselheiro comunal que lhe fará o favor de consegui-lo. É isto que a política ameaça se tornar, quando não há participação de todos: não mais respeito aos direitos fundamentais, mas simples escambo. O que as pessoas têm dificuldade de compreender é que tudo isso parece conveniente. Aparentemente é assim, mas na realidade não é. Porque, enquanto lhe dá uma coisa, o político que promete favores a você lhe tira todo o resto. Dá o leito no hospital para sua avó, dá até a autorização para que você abra uma tabacaria, dá meio emprego, mas está lhe tirando tudo. Ele lhe tira a possibilidade de respirar um ar saudável, tira o trabalho que você merece, se for capacitado. Tira as escolas que você deveria ter por direito.

Muitas vezes eu me perguntei quanto custa um voto. Sempre que há eleições, nas horas que precedem a proclamação dos resultados finais, nos perguntamos quem ganhou. Quais são as regiões determinantes? Às vezes nos perguntamos como aqueles votos foram geridos, se foram comprados. Mas quanto custa um voto? É simples. No período das eleições regionais de 2010, a Direção Distrital Antimáfia de Nápoles abriu uma investigação sobre compra e venda de votos. Na Campânia, os preços oscilariam entre vinte e cinquenta euros, 25 de entrada e 25 no final, isto é, depois da eleição. Em alguns casos, os votos são vendidos em pacotes de mil. Na prática, há uma espécie de organizador que promete ao político mil votos em troca de 20 ou 50 mil euros. Depois, essa pessoa reparte o dinheiro entre aqueles que vão votar: aposentados, jovens desempregados. Na Campânia, um assento na região pode chegar a custar até 60 mil euros. Na Calábria, você se arranja com 15 mil.

Em geral, com mil euros um *capo-palazzo* campaniense fornece cinquenta votos. O *capo-palazzo* é um personagem não criminoso que consegue convencer as pessoas que não costumam votar a votarem em um determinado político. E, como prova do voto dado, é preciso mostrar a foto da cédula eleitoral feita com celular.

Na Apúlia, um voto chega a valer cinquenta euros, preço que alcança também na Sicília. Mas em Gela houve um prefeito corajoso, Rosario Crocetta, desde sempre empenhado na luta contra a máfia e que em 2009 concorreu ao Parlamento Europeu. Os clãs lhe propuseram pacotes de quinhentos votos a quatrocentos euros. Quatrocentos euros por quinhentos votos: oitenta centavos por voto! No dossiê do promotor Roberto Di Palma relativo a uma operação de 2008 na província de Reggio Calabria — que visou a esclarecer as relações entre máfia e política em Seminara, um vilarejo do Aspromonte onde os clãs conseguem controlar os votos um a um —, há uma interceptação telefônica na qual os chefões dizem que, nas eleições comunais, a lista apoiada por eles obterá 1050 votos. Concluída a apuração, os magistrados contaram 1056.

Como os clãs fazem para gerir o voto? Isso também é simples. Através de escrutinadores amigos ou mesmo das gráficas, a organização consegue cédulas idênticas àquelas que o eleitor encontra nas seções. Preenche-as e as mantém consigo. O eleitor que quer vender seu voto procura os homens do clã e recebe a cédula já preenchida. Em seguida vai à seção, apresenta o documento que o identifica e recebe a cédula regular. Na cabine, troca esta última, guardando-a no bolso, por aquela que o clã lhe deu. Sai da cabine eleitoral e entrega à seção a cédula preenchida pelo clã. Depois vai embora. Volta aos homens do clã, dá a eles a cédula em branco e recebe o dinheiro. A cédula não votada, e entregue aos homens do clã, é preenchida e dada ao eleitor seguinte, que a recebe, vai votar e volta com uma em branco. E assim terá seu pagamento. Cinquenta euros, cem euros, 150 ou um celular. Ou, se tiver sorte, uma pequena contratação. Desse modo, o clã consegue eleger todos os políticos que quer. Às vezes, vemos um político na televisão e pensamos: "Ele não sabe falar, não tem competência, como pode ter sido eleito?". Foi eleito assim.

Se as coisas seguem desse jeito, é fácil se convencer de que jamais poderão mudar, de que não adianta se empenhar para que isso não aconteça, de que afinal nunca será possível influir nos destinos do país. Mas a verdade é exatamente o contrário: as coisas funcionam assim porque as pessoas não participam, porque não se empenham, porque não influem.

Uma das coisas que mais me ferem é ser acusado de difamar minha terra, só porque eu escrevo sobre suas contradições. Quem escreve sobre seu país não o está difamando, está defendendo-o. O presidente do Conselho disse:

> Se eu encontrar aqueles que fizeram nove séries de *La Piovra** e os que escrevem livros sobre a máfia [...], juro que vou esganá-los.

E também:

> Houve um suporte promocional a esta organização criminosa [...], lembremos as nove séries de *La Piovra* e toda a literatura, o suporte cultural, *Gomorra* e todo o resto.

---

* *O Polvo*, seriado mais famoso da tevê italiana, sobre a máfia e seus tentáculos. Na verdade, não foram nove, mas dez temporadas, exibidas de 1984 a 2001. (N. T.)

Suporte cultural? Que história é essa? O presidente do Conselho não compreende que escrever significa redesenhar o sonho do país. Escrever já é um passo adiante no fazer, porque as palavras são atos. E é por isso que deter a palavra significa deter a ação. Falar de como estão as coisas quer dizer não ser vítima delas. Sou obcecado por contar histórias. Gosto de contá-las porque gosto de ouvi-las. Muitas vezes contei histórias para opô-las a outras que não me agradavam. A narração tem um objetivo: apresentar um ponto de vista, que pode ser compartilhado ou detestado. Pode-se concordar ou não, mas de uma narrativa não se pode sair com todas as ideias possíveis na cabeça. O que a gente faz quando narra é escolher. Um monólogo, um livro, é um lugar onde se propõe uma ideia aos outros, que a aceitam ou a repelem. Não é um lugar onde se investigam todas as ideias possíveis, porque desse modo, no final, você não contou nada e não propôs nada.

Sempre me impressionaram as perguntas que me fazem no exterior. Como é possível que as palavras representem um perigo para as organizações criminosas? Não é tudo um exagero? De que modo um homem frágil como o senhor pode dar medo aos clãs? Mas o que dá medo não é o homem que escreve, são as muitas pessoas que escutam, os olhos que leem uma história, as muitas línguas que a contarão. A palavra se torna premissa da ação e, em muitos casos, a própria ação. Essa é a força das histórias, que sempre me inspirou confiança e nunca me deixou ser esmagado pela melancolia, mesmo quando conto uma história como a do voto de escambo ou a história de amor de Mina e Piergiorgio Welby.

Há uma história que meu avô Carlo sempre me contava, uma narrativa da tradição hebraica. No mundo, a cada geração, existem sempre 36 Justos. Nenhum deles sabe que faz parte do grupo, e ninguém sabe quem são eles. Mas quando o mal prevalece, eles se opõem. E esse é um dos motivos pelos quais Deus não destrói o mundo. É por isso que compreender, entender o que não está bom e tentar mudar sempre me pareceu um gesto de grande esperança. Sempre me encheu de felicidade a ideia de que mesmo fazendo coisas simples, ou consideradas simples, é possível salvar o mundo. É um modo de dizer a quem escuta: se esta manhã eu fizer bem meu trabalho, salvo o mundo inteiro. É como dizer: este é também um problema meu, diz respeito a mim, como o barco de Calamandrei.

Existe um poema que sintetiza tudo isso, um poema de Borges intitulado "Os justos":

> Um homem que cultiva seu jardim, como queria Voltaire.
> O que agradece que na terra exista música.
> O que descobre com prazer uma etimologia.
> Dois empregados que em um café do Sur jogam um silencioso xadrez.
> O ceramista que premedita uma cor e uma forma.
> O tipógrafo que compõe bem esta página, que talvez não lhe agrade.
> Uma mulher e um homem que leem os tercetos finais de um certo canto.
> O que afaga um animal adormecido.
> O que justifica ou quer justificar um mal que lhe fizeram.
> O que agradece que na terra exista Stevenson.
> O que prefere que os outros estejam certos.
> Essas pessoas, que se desconhecem, estão salvando o mundo.*

---

* Em *Poesia*. Tradução de Josely Vianna Baptista. São Paulo: Companhia das Letras, 2009, p. 346. (N. E.)

PARTE II
A CAMORRA

Os três artigos que seguem foram escritos e publicados após o lançamento do livro *Gomorra*, que levou a organização mafiosa Camorra a jurar de morte Roberto Saviano. Foram publicados entre os dias 8 e 10 de fevereiro de 2011 pelo jornal italiano *La Repubblica*, e integram esta edição a pedido do autor.

1. Autorretrato de um chefão: o livro-razão da Camorra

"É um tesouro, aquilo que está enterrado em Scampia. Um tesouro de pedras preciosas: esmeraldas, topázios, rubis, lápis-lazúlis. E diamantes. Principalmente diamantes. Eles põem todas as pedras em garrafas de coca-cola, aquelas de plástico, pequenas ou grandes. Falo sério; não estou delirando."

Fico imóvel, depois dessa revelação. Em seguida pergunto ao chefão: "E onde esse tesouro está escondido? Onde, exatamente?". "Se eu soubesse, diria aos magistrados. Mas é preciso procurar: está lá, em um buraco escavado em algum ponto, em lugares disseminados aqui e ali. Porque eu via tudo com meus próprios olhos, os Di Lauro iam à zona deles, no Arco, e depois voltavam com as pedras. Algumas tão grandes que nem entravam na boca da garrafa. Com os diamantes de Paolo Di Lauro, pode-se pavimentar a rodovia Nápoles-Roma..."

Quem me diz isso é Maurizio Prestieri, chefão camorrista do distrito Monterosa em Secondigliano, na periferia de Nápoles. Um dos líderes do diretório, a estrutura que governava a Aliança de Secondigliano.

"Hoje, os narcotraficantes italianos compram sobretudo pedras preciosas para lavar dinheiro. O valor delas não cai nunca. Pelo contrário, sobe continuamente, você as esconde com facilidade, e para ter liquidez não é difícil vendê-las em qualquer parte do mundo. Prédios, carros, palacetes, tudo isso pode ser confiscado. Cédulas, você pode esconder em desvãos, mas com o tempo elas mofam e se deterioram. Já os diamantes... são, como dizia a propaganda, para sempre."

Braço direito de Paolo Di Lauro, Maurizio Prestieri, segundo as acusações, ordenou cerca de trinta homicídios. Mas pertence sobretudo àquele ramo do crime organizado que fez das *cosche* italianas as primeiras investidoras no mercado da cocaína. Pensaram que o futuro era transformar uma droga de elite em droga de massa. Quando acaba detido, em junho de 2003, Prestieri é um chefão rico. Está em Marbella com sua família, no país que representa a segunda casa para todas as organizações criminosas europeias, quando não a primeira: a Espanha. Depois de quatro anos de prisão, inesperadamente resolve colaborar, e até hoje, em todos os processos, seus depoimentos foram considerados confiáveis e verdadeiros. Sua história até fez parte de um livro. Um dos promotores da antimáfia de Nápoles que gerenciam sua colaboração é Luigi Alberto Cannavale, que assinou, com o escritor Giacomo Gensini, uma apaixonada narrativa, *I milionari*, inspirada nas vicissitudes dos clãs de Secondigliano e sobretudo na história de Prestieri, rebatizado de Cavani nesse romance baseado em fatos reais. Em um estilo duro e enxuto, o livro conta a ascensão repentina do chefão e sua queda lenta e dolorosa. Uma história que muitos leitores gostariam de imaginar falsa, inventada, romanesca. Pois saber que aqueles fatos são verdadeiros tira seu sono, se você ainda for alguém que respira e sente indignação.

Maurizio Prestieri é — era — um chefão. Vem de uma das famílias derrotadas pela vendeta de Secondigliano. Mas, quando começa a colaborar, os Prestieri ainda são fortes e têm uma estrutura econômica sólida. Depois das primeiras confissões, o clã lhe oferece 1 milhão de euros em troca de cada denúncia que ele decidisse desmentir. Uma montanha de dinheiro para interromper a colaboração. Mas Prestieri não se detém. Pelo contrário, denuncia inclusive essa tentativa de corrupção. Ser um chefão já não o entusiasma. "Eu continuo sempre o mesmo. O que fiz não pode ser desfeito. Mas agora posso agir de maneira diferente." Nós nos encontramos várias vezes em um quartel. Local secreto. Horário vago. Você pode chegar muito antes ou muito depois. Em todos os encontros, Maurizio Prestieri está elegantíssimo e bronzeado. Terno cinza ou preto de risca de giz, botinas, relógio de marca. Nenhum indício de desmazelo, como em geral acontece aos homens que perderam o poder e vivem escondidos como camundongos.

"Lembra-se de mim?", pergunta. "Eu o mandei tomar no cu, certa vez... mas agora estou mudado." Não faço a mínima ideia do episódio a que ele se refere. Mas "O'Sicco", o Magricela, como o chamam em Nápoles, se lembra. "O senhor estava em uma audiência, minha mãe me atirava beijos, mas o senhor achou que aquela senhorinha os mandava a Paolo Di Lauro. Então fez um sinal, como se dissesse 'mas quem é esta, o que quer?'. E eu te mandei para aquele lugar..."

Maurizio Prestieri é um daqueles chefões nascidos do nada. O distrito Monterosa, em Secondigliano, é o ponto de partida e de chegada de sua vida. "Com o primeiro lucro obtido de um pouco de droga, resolvi fazer o que ninguém jamais havia feito no meu bairro: voar. Disse a todo mundo que ia pegar um avião. Devo ter sido o primeiro da minha família e do meu bairro a entrar em um avião. Fui ao aeroporto de Capodichino e comprei passagem para um voo nacional. Não me importava o destino, eu só queria que fosse o lugar mais distante de Nápoles. E, para todos nós, o lugar mais distante de Nápoles era Turim. Entrei no avião emocionadíssimo. Aterrissei, desembarquei, circulei pelo aeroporto e pelos arredores e em seguida regressei. Na minha volta, todo mundo do bairro estava lá, aplaudindo. Eu parecia Gagarin, o primeiro homem no espaço. Era o primeiro habitante de Secondigliano em um avião. Todos me perguntavam: "O'Sicco, é verdade que o aparelho leva a gente acima das nuvens?". A miséria da periferia se torna o motor cego e vertiginoso que faz decolar um clã estruturado em torno da cocaína. "Nós podíamos ser detidos de uma hora para outra pelo Estado, e em vez disso ficamos ricos e poderosos em um piscar de olhos. A economia legal precisa do nosso dinheiro ilegal. Tivemos talento, aplicado na parte errada da sociedade..." Aqueles jovens para os quais um voo Nápoles-Turim tinha o sabor de uma proeza de astronautas são tão sedentos pela ascensão quanto ignoram as coisas mais elementares. Segundo Prestieri, Raffaele Abbinante, mais conhecido como "Papele 'e Marano", futuro chefe dos divisionistas, quando garoto não sabia nem o que era um cheque. "Meu irmão pagou assim uma partida de haxixe e ele jogou o cheque no chão como se queimasse, dizendo: 'Quero dinheiro de verdade, que papel é este?'. E agora, vinte anos depois, fala de Bolsa, investimentos em petróleo, preço do ouro. Virou um homem de negócios."

"Viramos os líderes porque nada nos detinha. Nada nos dava medo." A ferocidade militar dos clãs de Secondigliano cresce junto com sua capacidade de fazer o dinheiro aumentar. O filho de Papele 'e Marano nunca assassinara um homem, devia aprender a matar. Durante uma vendeta, ter muitos braços que atiram não é só um elemento de força ou de vanglória, mas também de segurança. Além disso, um homem seu, por mais fiel que seja, sempre pode traí-lo, ao passo que seu filho, seu sangue, não. Por isso existe a escola de homicídios. "Na via Cupa Cardone havia um rapaz, um subordinado nosso, que ficava traficando em um Fiat 126 branco. Abinnante mandou o filho atirar nele, até porque era fácil. 'Vá, atinja-o, mexa-se, atinja-o.'" É um termo que os camorristas copiaram diretamente dos laudos de autópsia. "Franchino descarregou o pente sobre o rapaz, sacrificado como alvo para seu batismo de fogo. 'Viu?', comentou o pai, 'matar é simples assim.'"

Cosimo Di Lauro teve de se submeter à mesma prova. O príncipe herdeiro do clã responsável pela guerra divisionista não sabia atirar. "Para torná-lo chefe, deviam fazê-lo cometer pelo menos um homicídio", explica Prestieri. "Um dia lhe ofereceram a *quaglia appojata*", a codorna empoleirada, que significa alvo fácil. Desarmado, parado, sem saber que está na mira. Quase sempre a Camorra mata pessoas nessas condições. "Picardi era um traficante que os Di Lauro tinham decidido sugerir como alvo a Cosimo. Ele se aproxima do traficante, que espera um cumprimento, uma palavra. Em vez disso, Cosimo saca a pistola e atira, atira, atira. Mas o atinge só de raspão e Picardi escapa. Em suma, um fiasco..." Em Secondigliano, era proibido falar desse papelão.

A ferocidade não acaba aí. Hoje, explica Prestieri, para os ex-afiliados do clã Di Lauro que desejam passar para o lado vencedor dos divisionistas, vigora uma regra simples. "Você deve matar um parente seu, escolhe um e atira. Só assim o aceitam no clã, porque se asseguram de que você não está trapaceando." Quando fala, Maurizio Prestieri é atento e analítico. Fita o interlocutor nos olhos e não o desafia. Pelo contrário. Quando está diante dele, você sente uma espécie de tristeza. Um homem assim poderia ter feito muito, e no entanto escolheu se tornar um chefão, como alguém se torna homem de negócios. Para a Camorra, homem de negócios e chefão são a mesma coisa.

* * *

Ele me apresenta um problema de aritmética do pó branco, tão elementar quanto estonteante. "De um quilo de coca pura, depois de malhada, você obtém uns dois quilos da de ótima qualidade; se quiser da de baixa qualidade, até três ou mesmo quatro. Um quilo de coca, incluídas as despesas de transporte, chega a Secondigliano a um preço de 10 a 12 mil euros. Cinquenta a 60 mil euros no atacado equivalem a cerca de 150 mil euros no varejo; lucro líquido de uns 100 mil euros. Se você calcular que certas praças chegam a vender até dois quilos por dia, trabalhando 24 horas, me diga: quanto pode entrar em um dia?" O cálculo é simples. Se você pensar que um grupo-zona pode chegar a gerir até quinze praças, só com a coca você fatura 3 milhões de euros a cada 24 horas. Pergunto sobre os fornecimentos. "Nós pegávamos a coca nas Astúrias", diz Prestieri, "tínhamos contatos entre os bascos." Lembro a ele que, quando contei na Espanha que o ETA mantinha contatos com a Camorra, explodiu um vespeiro. "Eu sei, todos querem ficar em paz com o ETA, e portanto não podem admitir. Com uma organização política você pode se sentar para conversar; com uma envolvida no narcotráfico, faz o quê? Seja como for, nós comprávamos dos bascos, eram traficantes bascos que o ETA autorizava e apoiava. Depois deixamos de procurá-los, porque Raffaele Amato, 'Lello o' Spagnolo', nosso ponto de referência na Espanha, começou a tratar diretamente com os sul-americanos. Ele tinha uma excelente relação com o pessoal de Cali, os colombianos que haviam vencido a guerra contra Pablo Escobar. Funciona assim: cada carregamento de coca é pago pela metade, você fica como refém dos colombianos e, se a outra metade não vier, eles te matam. Mas Lello era muito bem tratado no período de, digamos assim, sequestro. Hotel, jogo, mulheres."

Em dez anos, Maurizio Prestieri se torna um dos homens

mais ricos do território e um dos chefões mais respeitados. A carteira de sua família, nos momentos de expansão máxima, chega a gerir 5 milhões de euros por mês. Os jogos de azar e os carros de luxo viram sua obsessão. Ele adora as Ferraris, "mas me chateava circular com esse carrinho em Nápoles. Todo mundo fica em cima, olhando para você. Era uma cafonice. Eu só circulava de Ferrari em Montecarlo". À diferença de Paolo Di Lauro, Prestieri tinha talento para a vida. "Eu sabia curtir, para mim cada dia devia ser vivido totalmente. Viajar, encontrar pessoas, ganhar dinheiro, foder quem lhe deseja o mal. Eu me agarrei à vida com unhas e dentes. Nunca deixando faltar nada à minha família e mantendo-a longe dos problemas." Inunda a Itália de coca, mas nem imagina o sabor que a droga tem ou que sensações ela provoca. "Nunca usei cocaína. Se você quisesse ser um chefe do nosso grupo, não devia se drogar. Até os Casalesi levam isso a sério. Para conferir se alguém consumia coca, não fazíamos exames nem nada. Pegávamos os caras à noite, quando voltavam, levávamos para Paolo Di Lauro e dávamos a eles um prato de massa: coma. Quando você cheira, não tem fome. Quando eles não comiam, ou percebíamos que se esforçavam para comer, estavam fora. Fora da nossa confiança. Eram degradados. Um bom matador não pode estar cheirado, senão dá confusão. E deve ir trabalhar em jejum, por muitos motivos. O primeiro é que você deve estar bem tenso, sem um pingo de sono, não pode ter cagaço. O segundo é que, se atirarem na sua barriga e você tiver comido, está fodido. Se estiver em jejum, pode se salvar."

 A antimáfia confiscou de Prestieri dezenas de livros-razão. Cadernos em que estão registradas as entradas e saídas cotidianas das várias praças da rede de distribuição do narcotráfico. Bloquinhos nos quais os afiliados anotam a cada dia a lista das despesas. Como faria um açougueiro, que abre o caderno, escreve ali os nomes dos clientes em débito, aponta as saídas e as entradas, assim fazem os homens de Prestieri. Nessas centenas de folhas há listas inquietantes. E o que desorienta é a normalidade absoluta. Há os valores usados para pagar as faturas, os carros, as despesas de limpeza dos esconderijos e as das casas. E também os gastos com "choques", ou seja, os tiros de pistola, com "enterro Federico", com os funerais de afiliados mortos, além de comentários sobre despesas negativas: "mecânico vigarista". Despesas com os macacões, pois quando um camorrista mata, deve jogar fora a roupa. Muitos itens se referem a "colóquios", isto é, o dinheiro que o clã deve pagar às famílias dos afiliados para que estas visitem os parentes na prisão. Há também itens como "flores mulheres": até a remessa de flores às mulheres no dia do aniversário delas, em nome dos maridos encarcerados, é tarefa do clã. São numerosos os valores dos quilos de haxixe e cocaína negociados; as zonas de onde provém o dinheiro, registradas como ZP ("zona Puffi"), ZA ("zona Arco"), ZM ("zona Monterosa"), constituem as diversas praças de tráfico. Não faltam siglas estranhas, como ME ou LO: correspondem a "merda" ou "lodo", e identificam o dinheiro pago mensalmente aos policiais, para evitar uma inspeção ou uma detenção. A "mesada advogado" se destina a muitos causídicos que são assalariados do clã.

Quando rapazinho, Maurizio não estava destinado a se tornar um chefão. Talvez, por talento empresarial, pudesse ter se tornado o investidor da família. Os chefes do grupo eram seus irmãos Rosario e sobretudo o mais velho, Raffaele. Carismático, imperturbável, este gozava junto a Paolo Di Lauro de uma confiança superior à de um consanguíneo. Só que os Prestieri acabaram em uma guerra contra um chefe de zona a quem o clã havia subtraído poder, aproveitando sua obrigatoriedade de residência na Toscana — Antonio Ruocco, dito Capaceccia. Uma das vendetas mais ferozes já vistas em território italiano. Em uma série de execuções,

caem dezenas de homens dos dois bandos até que, em 18 de maio de 1992, Ruocco chega ao bar Fulmine, em Secondigliano, com um comando de oito homens; armados de metralhadoras, pistolas, fuzis semiautomáticos e granadas, matam cinco pessoas. Entre as vítimas, está Raffaele, o chefe, irmão mais velho de Maurizio, e Rosario, o outro irmão. "Ciruzzo o' Milionario", como Paolo Di Lauro era conhecido, já não raciocina e ordena uma execução que as regras da máfia proíbem: matar a mãe de Ruocco. "Os clãs de toda a Itália nos informaram que não compartilhariam daquilo, mas Paolo Di Lauro respondeu: 'Este é meu modo de fazer guerra'."
E assim Prestieri se torna um chefão. "Conseguíamos açambarcar tudo. Restaurantes, bares, hotéis, casas pelo mundo afora. Fábricas, lojas, empreitadas. Quando Nápoles iniciou o projeto de extensão na área norte, bloqueávamos as betoneiras para forçar a contratação de nossas empresas. Enfiávamos um .38 na cara dos motoristas, mandávamos que descessem e tomávamos os caminhões. Bloqueávamos a betoneira e o cimento secava ali dentro. Com isso, a empresa perdia o cimento, perdia o veículo, que devia ser jogado fora, e perdia até a empreitada, porque atrasava as obras. A essa altura, eles tinham de nos contratar. Cocaína, empreitadas, política: é como você governa a vida das pessoas." Política? "Claro, política. Anote bem. São histórias que podem lhe parecer inacreditáveis. Mas é apenas a realidade de todos os dias... a realidade política."

8 de fevereiro de 2011
La Repubblica

2. Grand Hotel Camorra

A Itália é um país para velhos, mas a Camorra investe nos jovens. O mais antigo do clã sabe que deve repassar sua autoridade a alguém: sua experiência não viverá se ele mantiver o poder, mas se souber escolher o jovem a quem o transferirá (e, se compreender isso antes que o jovem se livre dele para tomar o poder, estará salvo).

Maurizio Prestieri logo se tornou o preferido do chefão de Secondigliano, Paolo Di Lauro: ganhou o posto por ser irmão de Raffaele, o amigo mais querido deste último e que fora assassinado. E porque era esperto, determinado, hábil. Paolo Di Lauro jamais havia chorado, pelo menos diante de alguém. Certa vez, em Barcelona, local de investimento e aquisição de coca para todos os clãs do mundo, estavam passeando e observando um anoitecer quando Paolo Di Lauro disse a Prestieri: "Raffaele iria gostar deste pôr do sol...". E caiu em prantos.

O chefão capaz de ordenar a execução da velha mãe de um inimigo seu, de não ver os filhos durante anos para poder administrar melhor o tráfico, chorou por quarenta minutos diante de um pôr do sol e à lembrança de um amigo morto jovem. Hoje,

Prestieri — com quem me encontro em um lugar protegido pela minha e pela sua escolta, porque há três anos ele se tornou um colaborador da justiça — recorda: "Eu nunca havia visto Ciruzzo 'o Milionario daquele jeito".

A relação entre os dois se torna estreitíssima. Em pouco tempo a investidura fica clara para todos. Certa vez Di Lauro vai à casa de Prestieri, atacado por uma febre alta que não passa nunca. O chefão, preocupado, se apresenta de repente, bate à porta, entra e fica com ele. Enquanto conversam, Di Lauro adormece bem ali, na cama, ao lado do seu amigo Maurizio Prestieri. Quando sabem disso, os outros homens do clã passam a invejar Maurizio mais do que a qualquer outro: ele tivera o privilégio de dormir com o chefe. "E eu temia. Em Nápoles morre-se de inveja, acho que somos o povo mais invejoso da Itália. Para se sentir bem, os napolitanos devem sempre pensar que a sorte é que faz a pessoa obter alguma coisa, e não o empenho ou a capacidade. Eu tinha medo da inveja."

Chefão e delfim eram ligados como pai e filho. Órfão de pai muito cedo e tendo depois perdido os irmãos, Maurizio cresceu com Paolo Di Lauro. Este o educou, acreditou e confiou nele, passou a considerá-lo a verdadeira cabeça pensante do grupo. E até hoje, quando Prestieri fala de Paolo, sente-se claramente um tom de respeito. "Eu gosto dele. Ele agora me odeia. É justo que seja assim." Mas, naquela época, Paolo Di Lauro o instala em um pedestal: quando começa a se cansar de sua vida, sempre escondido, sempre longe, passa a dar mais poder a Prestieri, a delegar responsabilidades. Para um chefão da Camorra, você é homem se constitui família e não se divorcia, mas tem muitas mulheres. Se você se divorcia, não é homem. Se não tem amantes, não é homem.

Até então, Ciruzzo quase não tivera amantes: em um longo casamento de mais de trinta anos, havia gerado dez filhos. "Todos homens, enviados pela Providência, e esse era mais um sinal de predestinação ao comando. Ele estava seguro de ter príncipes à disposição, para deixá-los na chefia de todas as gerações futuras de narcotraficantes."

No entanto, justamente a partir daí se iniciou a ruína do clã. Os filhos não souberam gerir o império e todos os dirigentes do clã se revoltaram. "Quando o procuravam pelo mundo afora, ele estava foragido em Castel dell'Ovo. Isso mesmo, bem no centro de Nápoles. Era procurado por toda parte, enquanto estava em Nápoles, em um iate nosso. Vivia sua clandestinidade no mar. Depois, até na Grécia e na Rússia as famílias mafiosas o protegeram. Mas eu compreendi que ele queria sair dos tugúrios, deixar de viver como um monge, dedicado apenas aos filhos e à cocaína. Então o levei comigo para a Eslovênia. E aqui Ciruzzo muda: apaixona-se por uma moça russa, lindíssima. E por ela faz coisas absurdas, segue-a até a Rússia e, quando a garota desaparece e vai para Genebra, enquanto todas as polícias do mundo o procuram, Paolo Di Lauro se arrisca a ser preso e vai ao encontro dela de trem, passa a buscá-la nas ruas onde moravam as russas da área, faz plantão em frente à casa dela como um adolescente apaixonado, disposto a tudo para recuperar a namorada."

São os anos de ouro do clã, que a essa altura domina, junto com os calabreses, a economia da coca na Itália e em metade da Europa. Os chefões vivem cada vez mais no exterior. "A Eslovênia é o paraíso para nós. Ali encontrávamos tudo aquilo que gostaríamos que o mundo fosse. Sem regras. Cassinos, mulheres, amigos de todos os cantos do planeta. E você pode comprar tudo, obter tudo. Ficávamos lá por nove meses. Eu voltava a cada quinze dias para supervisionar os negócios dos Di Lauro, enquanto Ciruzzo não dava a mínima. Não vinha nem para o ano-novo. Esquecia dos filhos. Na Eslovênia, ficávamos tão seguros que nos deixávamos chamar pelos nossos nomes. Finalmente, nada de documentos falsos, nada de nada. Até porque, lá, as instituições são compradas pelas várias máfias: os russos, os sérvios, nós, os calabreses, os sicilianos, os Casalesi, os turcos. Todos."

A Itália tem ao seu redor uma série de países que as organizações consideram territórios fáceis, onde o Estado é muito débil, onde investir é simples, onde não existe uma cultura antimáfia: Albânia, Grécia, Eslovênia, Croácia, Montenegro. "Não que eu entenda de crises econômicas, mas posso assegurar que Paolo Di Lauro investiu milhões e milhões de euros durante anos em Atenas e na costa grega. Restaurantes, hotéis, condomínios e até indústrias. Ali, todos os cartéis investiram durante anos. Isso obstruiu a economia deles, eram como que colonizados... na minha opinião, para compreender a crise seria necessário partir também desses fatos. Mas eu não sou um especialista..."

Os homens dos clãs de Secondigliano passam os meses em suntuosos hotéis cassinos, fechando negócios e se divertindo sobre o pano verde. Ganham fortunas e consomem outras tantas. "Uma vez, no cassino, o diretor — era um americano — se aproxima de Paolo Di Lauro e pergunta: mas Paolo, por que você não joga? Eu só sei jogar escopa, responde Ciruzzo. O proprietário começa a rir, como quem diz: mas que cafona você é. Di Lauro o desafia: sente-se e jogue comigo, se você ganhar eu lhe dou 2 milhões de euros na hora e, se perder, você dá 2 milhões de euros de consumação aos meus homens. O proprietário parou de rir e foi saindo."

No fundo, os chefões italianos têm certeza de duas coisas: as pessoas se apegam ao próprio dinheiro e à própria vida. Se você não se apega a essas duas coisas, ou aparenta não se apegar, bem, então já empreendeu o caminho para se tornar chefe e comandar os outros. Você está se predispondo a não ter medo de nada. Prestieri era assim. Jamais usava roupas que custassem menos de 10 mil euros, mas hoje faz questão de esclarecer que, fosse como fosse, eram ternos de classe. "Nós vivíamos no máximo. Lembro-me do jantar mais caro da minha vida. Estávamos eu, Vincenzo e Paolo Di Lauro e Lello Amato. Restaurante de peixe, champanhe e tudo o mais. Gastamos 12 mil euros. Também, éramos umas bestas. Uma vez fomos a um lugar, em Rimini, todo o grupo de comando do clã. Eu recomendei que se vestissem com elegância. E eles se apresentam com sapatos sem meias, de bermuda. Afinal, ninguém pode nos deter, pensam. E eu digo: mas vocês tinham de se vestir bem, aqui não permitem a entrada de pessoas que se apresentam assim. E Gennaro Marino, 'Mckay', responde: 'O'Sicco, eu paguei setecentos euros por estes sapatos'. 'Eles não vão lhe pedir o comprovante, Mckay, simplesmente vão olhar como você está vestido', retruquei. Obviamente, os leões de chácara não os deixaram entrar e eu precisei contê-los, senão eles já iam partir para o 'acho que você não percebeu *cù chi staje avenn...*', com quem está lidando, o que não prometia nada de bom."

Prestieri frequentava assiduamente a Nápoles de atores, cantores, jogadores de futebol: a chave que abria todas as portas era a coca. "Uma vez, no palacete de um ator napolitano, levei coca à vontade e todas as moças, os rapazes, os atores, todos queriam minha amizade. Senti que havia conquistado a confiança de todos os ricos da cidade, eu que vinha daquela parte de Nápoles que eles consideravam uma merda. Do troço branco da cidade de merda, no entanto, gostavam muito."

Prestieri perdia muito dinheiro no cassino. "Eu jogava com uma mesinha ao lado para comer. Não parava nunca. Só por alguns minutos, para ir ao banheiro." Todos os jogadores de azar se lembram de Maurizio Prestieri, sobretudo os apaixonados pelo *chemin de fer*, jogo que o fez perder e ganhar montanhas de dinheiro. "Uma vez, estava valendo uma Ferrari. Quem mais acertava paradas consecutivas mais subia em um placar gigante, instalado no meio do cassino, e meu nome era o primeiro. Era só o capricho de vencer, porque eu já tinha três Ferraris. Mas um sujeito, napolitano como eu, ganha três paradas consecutivas. Em um minuto, ele me alcança. Eu banco 230 mil euros, e ele entra com 230 mil euros. Depois chega aos 730 mil euros, não desiste, e eu deixo o fichário com 750 mil euros dentro. Ou seja, perco a Ferrari e 1 milhão de euros em pouco mais de um minuto."

As histórias de cassino são infinitas. Nesses lugares, você se especializa em queimar dinheiro, em considerar tudo uma roleta, em se sentir valente e forte, porque aposta diante de todos cifras altas como o lucro de uma empresa. Com o dinheiro eles querem comprar tudo, inclusive as mulheres. "Lembro que havia uma vedete para inaugurar a temporada do cassino: uma das mais bonitas e famosas da Itália. Sempre aparecia na tevê, em todos os programas. O cara que era meu braço direito ficou louco por ela. Então eu disse: 'vá, ofereça 50 mil euros e verá que ela vai para a cama com você'. Ele duvidou: 'O'Sicco, tem certeza?'. 'Vá e não me encha o saco', respondi. Ele foi e voltou todo encabulado. 'Que papelão eu fiz, quando ofereci o dinheiro ela me encarou enojada e disse: nunca mais se atreva.' Então eu falei: 'Mas você deve mostrar as fichas na bolsa, senão ela pensa que você é só um falastrão. Vá, eu lhe dou. Mostre 100 mil euros em fichas'. Pouco depois ele voltou, com os olhos brilhando: 'O'Sicco, ela aceitou'. Continuamos a jogar e, como estávamos ganhando, ele tinha ao lado uma russa linda e não queria mais a vedete, mas tínhamos prometido o dinheiro. Então ele foi para o quarto só para ela lhe fazer um boquete. Por 100 mil euros. O boquete mais caro que já paguei."

Prestieri volta ao momento atual. "Agora me orgulho por ter mantido meus filhos fora de tudo e aprecio o respeito, desde que não seja imposto pela força e pelo medo. Quando eu estava no meu bairro e circulava de carro, as pessoas me paravam, deslocavam o delas para me deixar estacionar. Todos me cumprimentavam e, até quando eu não os ouvia nem via, vinham atrás para me saudar, para mostrar que me temiam. Eu tinha construído uma casa gastando milhões e milhões de euros, o banheiro idêntico ao do hotel de Paris. Mandei decorá-la pelos melhores da Itália, só o parquê custou uma fortuna. Em suma, uma casa bonita. Não aquelas cafonas, cheias de ouro e porcelanas. Mas depois achei que com o mesmo dinheiro eu podia comprar casas em Posilipo, ou no centro de Milão, ou na Piazza di Spagna em Roma. Em vez disso, construí meu palácio no centro de Secondigliano. Mas essa é a lógica do camorrista. Ficar ali. Ser chefe do pedaço. Hoje, onde vivo aqui no Norte, meu vizinho me cumprimenta e me convida para jantar, minha mulher e eu. Mas não sabe quem eu sou. Ninguém mais sabe. E estou feliz assim."

9 de fevereiro de 2011
La Repubblica

3. A Camorra nas urnas: os chefões donos do voto

"A Camorra gerencia milhares e milhares de votos. Quanto mais as pessoas se afastam da política, quanto mais sentem que os políticos são todos iguais e todos incapazes, mais votos nós conseguimos comprar. E visávamos à renovação dos administradores locais. Conseguimos eleger aquele que na época foi o mais jovem prefeito italiano: Alfredo Cicala, prefeito de Melito. Saíram mil artigos sobre ele, o jovem prefeito de La Margherita, diziam. Mas era um homem nosso." Esta é minha última conversa com Maurizio Prestieri, o chefão de Secondigliano que decidiu colaborar com a justiça e desde então vive sob proteção. E a história que ele conta, a do prefeito de Melito, é tragicamente comum na Campânia. Cicala, depois do triunfo e de alguns anos de mandato, acaba no cárcere, preso por formação de quadrilha de cunho camorrista: confiscam-lhe bens no valor de 90 milhões de euros. Uma soma enorme para o prefeito de um lugarejo: impensável poder ganhar em tão pouco tempo uma cifra tão gigantesca, impensável poder ser proprietário da totalidade de aglomerados condominais de seu território sem que por trás disso estivessem os capitais dos clãs.

Neste caso, é o dinheiro do narcotráfico dos Di Lauro-Prestieri. Mas Cicala não é qualquer um: antes da prisão faz duas carreiras paralelas, na política e no clã. Torna-se membro do diretório provincial do partido La Margherita e, segundo as investigações, consegue influenciar até a eleição sucessiva da junta Di Gennaro, mais tarde dissolvida por infiltração mafiosa. Chamado pelos camorristas "*o' sindaco*", o prefeito, é o único político que pode assistir às reuniões dos chefões. Naturalmente, participa de diversas manifestações pela legalidade, contra a Camorra e os camorristas (sobretudo contra as famílias inimigas do seu clã). Em suma: a personalidade perfeita para acobertar negócios e governar um território.

A investigação Nemesi da Direção Distrital Antimáfia (DDA) de Nápoles em Melito descreve o clima do território como "a Chicago dos anos 1930". Cicala se torna o candidato dos clãs para derrotar Bernardino Tuccillo, que concorre a prefeito por outro setor de centro-esquerda. Tuccillo é estimado, escutado, resoluto, já foi prefeito, e a Camorra tenta boicotá-lo de todas as maneiras. Tem meios para isso. "Alguns candidatos", contou Tuccillo, "vinham me procurar chorando, suplicando-me que rasgasse os formulários de aceitação de suas candidaturas. Outros, pálidos e amedrontados, me comunicavam que tiveram de fazer as próprias esposas se candidatarem nas fileiras adversárias."

Certa manhã, encontrou afixados por toda a cidade de Melito cartazes que anunciavam sua morte. Compreendeu que aquele era o último aviso. Como outros administradores campanienses de bem, Tuccillo foi deixado sozinho pela política nacional. Agora, no Partido Democrático local, há muitos membros que apoiaram Alfredo Cicala e colaboraram com ele.

Prestieri conhece bem a política campaniense. "Para os políticos, durante a campanha eleitoral a Camorra se torna algo honesto, como uma instituição sem a qual você não pode fazer nada.

Eu tinha montado para mim um escritório. Um escritório elegante. Comprei peças antigas de arqueologia em antiquários caros, quadros importantes em galerias frequentadas por todos os grandes empresários italianos. E forrei tudo com os mesmos tecidos que os decoradores compraram para revestir o teatro La Fenice de Veneza. Eu recebia as pessoas nesse escritório. Dava conselhos, anotava nomes para as contratações que seriam solicitadas aos nossos políticos. Recolhia queixas. Se você tivesse um problema, ia resolvê-lo no meu escritório, e não, claro, procurando os sindicatos, os guichês inexistentes na prefeitura. Até nisso a Camorra é mais eficiente. Tem uma burocracia dinâmica."

Na realidade, Maurizio Prestieri vivia cada vez menos tempo em Nápoles e cada vez mais entre a Eslovênia, a Ucrânia e a Espanha. Mas não quando a eleição estava próxima. Durante a campanha eleitoral, a presença do chefe na zona era necessária. "Venho de uma família que votava no Partido Comunista, meu pai era um honestíssimo trabalhador e, quando eu era pequeno, me levava a todas as manifestações. Recordo os comícios de Berlinguer, as bandeiras vermelhas, os punhos fechados e erguidos para o céu. Mas depois viramos todos berlusconianos, todos. Meu clã sempre apoiou a Forza Italia, primeiro, e mais tarde o Popolo delle Libertà. Não sei como a mudança aconteceu, mas foi natural ficar com quem queria ajudá-lo a ganhar dinheiro e tirava do seu caminho todos os problemas e as regras."

Prestieri sabe exatamente como se leva adiante uma campanha eleitoral. "Na minha terra, os camorristas chamam os políticos de '*i cavallucci*', os cavalinhos: são só pessoas nas quais investir para fazê-las chegar à comuna, à província, ao Parlamento, ao Senado, ao governo. Certa vez eu fiz até o presidente da seção, onze anos atrás. Nós fazemos campanha eleitoral com a votação já em andamento, embora seja proibido, não só para convencer e comprar aqueles que ainda não votaram, mas também para ser vistos pelas pessoas que vão votar, como se disséssemos: "Estamos controlando vocês". Às vezes fazíamos circular o boato de que em algumas seções instalávamos telecâmeras: era mentira, mas as pessoas se atemorizavam e não se deixavam comprar por outros políticos nem se convencer por um discurso qualquer."

A campanha eleitoral é longa, mas os clãs conseguem administrá-la pela intimidação, de um lado, e pelo consenso obtido com um simples escambo, de outro. "Eu ia buscar um por um. Levei velhinhas doentes nos braços até a seção, só para que votassem. Ninguém jamais tinha feito isso. Eu garantia que as seções nos hospitais funcionassem, pagávamos as compras das famílias pobres, as contas dos aposentados, o primeiro mês de aluguel para os casais jovens. Todos deviam votar em nós, que os comprávamos com pouco. Eu organizava excursões de ônibus para as pessoas irem votar. Os clãs de Secondigliano pagam cinquenta euros por voto, e, muitas vezes, corrompendo o presidente da seção eleitoral, você descobre mais ou menos se alguma família, dez ou quinze pessoas, se vendeu a algum outro. Com um sanduíche e uma fatura paga, fazíamos as pessoas se sentirem importantes. Se a democracia é fazer as pessoas participarem, então nós somos a democracia, porque vamos atrás de todos. Depois votam em nós, e nós vamos cuidar dos nossos assuntos. Empreitadas, praças de tráfico, cimento, investimentos. Esse é o *business*."

Hoje Prestieri fica quase enojado quando fala dessas coisas, sente que jogou com a alma das pessoas, e isso é uma coisa que suja você por dentro. E, como todos os camorristas, tem um desprezo total pela política italiana. Pergunto se ele sempre e unicamente apoiou os políticos de um lado. Prestieri sorri: "Nós, sim, à parte as pequenas exceções locais, como em Melito, mas a Camorra se divide em zonas, e por conseguinte também partilha os políticos. Sempre nos desentendíamos com os Moccia, que apoiavam a centro-esquerda. Nós comemorávamos as eleições legislativas quando Berlusconi vencia e eles celebravam as comunais ou as regionais quando Bassolino e companhia venciam. Nápoles, a cidade, sempre foi de esquerda, e para nós era até bom: todos aqueles caras de extrema-esquerda que na Piazza Bellini ou diante do Orientale fumavam haxixe e maconha, ou compravam coca, nos financiavam. Liberdade, liberdade contra o poder, diziam, contra o capitalismo, e depois compravam fumo e coca às toneladas. Então, até votavam com a esquerda, mas depois usávamos o dinheiro deles para apoiar nossos candidatos de centro-direita."

Pergunto se ele algum dia teve encontros com políticos de centro-esquerda. "Não, mas tenho certeza de que o clã Moccia e os Licciardi apoiam a centro-esquerda, porque eram nossos rivais, e portanto falávamos continuamente entre nós e também com eles sobre a partilha dos políticos. Implicávamos com eles quando a esquerda vencia, pois significava que para eles haveria mais negócios, mais empreitadas, mais dinheiro, menos controle." "E políticos de centro-direita, nunca os encontrou?" "Sim, claro, durante anos e anos fui ativista da Forza Italia e depois do PDL. Conheci uma das personalidades mais importantes do Partito delle Libertà na Campânia. Não posso dizer o nome porque o processo corre em sigilo, mas recordo que em março de 2001, poucos meses antes das eleições, essa pessoa, seguida por uma maré de gente, parou na Piazza della Libertà, em frente à minha casa. Eu estava debruçado na sacada, curtindo o espetáculo da multidão que o acompanhava (tudo por obra nossa, tínhamos impelido as pessoas a aclamá-lo), e esse político, indiferente até às forças da ordem que o escoltavam, começou a me cumprimentar, lançando beijos para todo mundo ver. Desci e fui falar com ele, nós nos abraçamos e nos beijamos como parentes, enquanto a multidão aplaudia a cena. Isso me agradou, porque ele não se envergonhava de vir até a casa de um chefão para pedir votos e me considerava um homem de poder, com quem convinha conversar. Sabia muitíssimo bem quem eu era e qual minha ocupação. Eu já tinha estado na prisão, havia perdido dois irmãos assassinados em uma chacina. Estava no meu bairro, quem quer que fosse de Nápoles sabia com quem teria de lidar quando viesse falar comigo. Já no meu escritório, apareceu naquele período um conhecido ginecologista, um dos astros da fecundação artificial na Itália. Quando quis se candidatar a prefeito, foi me oferecer 150 milhões de liras em troca de apoio. Não pude aceitar, porque o clã já tinha escolhido outro cavalo."

Os políticos sabem como retribuir, e suas estratégias dependem do grau de envolvimento que tiverem com o clã. Se forem uma emanação direta deste, não haverá empreitada que não seja dada a empresas amigas. Se, porém, o clã tiver dado apenas um "apoio externo", o político retribuirá com assessores em postos--chave. Há também os políticos que devem manter as distâncias e portanto se limitam a evitar o confronto, a construir zonas francas ou a gerar eternos canteiros de obras para financiar o clã e lhe dar o prêmio de consolação. "Eu sempre me senti amigo da política napolitana de centro-direita. Durante mais de dez anos, tive até carteira de deficiente físico, porque era um apoiador ativo do PDL. Em gíria de Camorra, chamamos essa carteira de 'o mongoloide'. Com ela eu estacionava onde queria, quando havia os domingos ecológicos eu circulava por toda a Nápoles, deserta. Maravilhoso."

Dono da coca, dono da política nas entidades locais, o clã Di Lauro-Prestieri se torna cada vez mais rico e encontra novos âmbitos de investimento: da China, onde entra no mercado das falsificações, aos investimentos nas finanças. Havia o problema de gerir o dinheiro, reciclá-lo, investi-lo. "Enzo, um dos filhos de Paolo Di Lauro, sabia lidar com computadores e em poucos segundos transferia dinheiro de uma parte a outra. E certa vez me espantei quando, em uma reunião nossa, falaram em adquirir um pacote de ações da Microsoft. Eles tinham um homem na Suíça, Pietro

Virgilio, que lhes servia de coletor junto aos bancos. Sem bancos suíços, não existiríamos."

Mas, na realidade, justamente a ascensão é a causa da queda. Tudo parece mudar quando a atenção nacional se volta para eles, e se volta porque agora o clã viaja cada vez mais, entre a Suíça, a Espanha e a Ucrânia, e Di Lauro confia tudo aos filhos. Estes reduzem a autonomia dos dirigentes, dos chefes de zona, que o pai considerava empresários livres. Os filhos retiram desses chefes os capitais e as decisões, e os tornam assalariados. Então acontece a cisão. E explode uma guerra feroz, um massacre ao longo do qual se chega a quatro mortos por dia. "Eu sempre digo: não devíamos ser VIP, mas VIPL." Pergunto: "VIPL? Como assim?". "Isso mesmo, o L corresponde a Local. *Very Important Person Local!*" O que interessa é ser importante só dentro daquele limite. "O maior dano que o senhor causou quando escreveu sobre os camorristas foi ter projetado demasiada luz sobre eles. Esse foi o problema. Se eu sou um VIPL em Scampia, posso atirar, vender cocaína, meter medo, ser proprietário do bar da moda, as mulheres me olham porque me temem: em suma, sou um sujeito eficiente. Mas, se eu for visto sob a luz de toda a Itália, o risco é que a notoriedade nacional prejudique meu prestígio local, porque para a Itália eu viro um criminoso e só. A atenção me desmoraliza, diz que sou violento, alguém que faz negócios sujos, e obriga inclusive magistrados e policiais a agir rapidamente, e aí já não existem propinas que me defendam."

Prestieri decidiu colaborar, mas não fala de si como um ex-mafioso, e sim como um soldado que traiu seu exército. "Não, não sou um ex-mafioso, seria fácil demais cancelar assim o que fiz, hoje sou só um uniforme sujo da Camorra." Mas o peso daquilo que fez, isso ele sente. "As mortes inocentes que meu grupo cometia ficaram dentro de mim. Sobretudo uma. Havia um rapaz que incomodava uns empresários nossos, impunha contratações, roubava cimento deles. Devíamos matá-lo, mas não sabíamos seu nome. Só onde morava. Então, alguém que conhecia sua cara se planta em frente ao prédio dele com dois matadores. Devia apertar a mão da vítima: esse era o sinal. Passa uma hora e nada, passam duas, nada, afinal sai um rapaz, aproxima-se do nosso homem e aperta a mão dele, e aí os matadores vão logo atirando, enquanto nosso homem grita '*nunn' è iss, nunn' è iss*', não é ele! Inútil. Não só o rapaz morreu, como também depois todos disseram que ele era um camorrista, porque a Camorra não erra nunca. Só nós sabíamos que ele não tinha nada a ver com aquilo. Nós e a mãe, que se esgoelava repetindo que o filho era inocente. Ninguém, em Nápoles, jamais acreditou nela. Eu, moralmente, vou me empenhar nos próximos meses em fazer justiça a esse rapaz, nos processos."

Quem entra para uma organização criminosa sabe seu destino. Prisão e morte. Mas Prestieri odeia a prisão. Não é um chefão habituado a viver em um tugúrio de foragido, sempre escondido, sempre blindado. Está habituado à boa vida. E provavelmente isso também o impele a colaborar com a justiça. "A prisão é duríssima. Sobretudo na Itália. Nós todos esperávamos ser detidos na Espanha. Lá, uma vez por mês, se você se comportar bem, pode ficar com uma mulher, e também há quadras de esporte, atividades. Se me mandarem escolher dez anos preso na Espanha ou cinco em Poggioreale, eu respondo dez na Espanha." Assim como a prisão de Santa Maria Capua Vetere, em Caserta, foi construída pelas empresas dos Casalesi, a prisão de Secondigliano foi construída pelas empresas dos clãs de Secondigliano. "Fomos visitá-la antes que a obra fosse entregue. E ficamos nos sacaneando. 'O' Cinese, você vai acabar aqui.' 'O' Sicco, esta cela já tem até seu nome.' Visitamos a prisão onde cada um de nós poderia ir parar depois. Cumpri mais de dez anos de cadeia, e em nenhum dia fiz minha cama. Quando você é um chefão da máfia italiana, não importa para qual prisão te mandam, há sempre alguém para arrumar sua cama, cozinhar para você, fazer suas unhas e sua barba. Quando você não é ninguém, a prisão é dura. Mas, enfim, todos ficamos mal na prisão, e todos temos medo. Eu vi com meus próprios olhos quando Vallanzasca, que era um mito justamente porque no Norte não se conhecem homens mafiosos, quase beijou as mãos dos guardas. Coitado, tinha uma vida de merda na cadeia, era totalmente submisso aos guardas. E eu dizia a mim mesmo: este é o mítico Vallanzasca, de quem todo mundo tinha medo? Que fica em posição de sentido, com as mãos atrás das costas, sempre que passa um carcereiro? Depois de dez anos de cadeia, na verdade você vira um cordeirinho, todos tremermos se percebermos que estão vindo os GOM (grupos operativos móveis), que, quando acontece algum problema na prisão, já vêm para espancar."

Faço a última pergunta, a que se costuma fazer nos *talk shows* aos ex-criminosos. Rindo, imito os apresentadores: "O que o senhor diria a um garoto que deseja se tornar camorrista?". Prestieri ri também, mas com amargura. "Não posso ensinar nada a ninguém. São muitos os motivos pelos quais alguém se torna camorrista, e entre eles muitas vezes a miséria é só um álibi. Eu tenho minha vida, minha tragédia, meus desastres, minha família para defender, minhas culpas a pagar. Só uma coisa me deixa feliz: meus filhos são universitários, estão longe desse mundo, são pessoas de bem. A única coisa limpa da minha vida."

10 de fevereiro de 2011
La Repubblica

Bibliografia

1. JURO [pp. 31-5]

GINSBORG, Paul. *Salviamo l'Italia*, Einaudi, Turim, 2010.
MAZZINI, Giuseppe. *Dei doveri dell'uomo*, Rizzoli, Milão, 2010.
MONTANELLI, Indro. *L'Italia del Risorgimento*, Rizzoli, Milão, 1972.
ROSSI, Lauro, *Mazzini e la Rivoluzione napoletana del 1799*, Piero Lacaita Editore, Manduria, 1995.

2. A MÁQUINA DA LAMA [pp. 36-50]

CAPONNETTO, Antonino; GRIMALDI, Maria (org.). *Io non tacerò. La lunga battaglia per la giustizia*, Melampo, Milão, 2010.
CASELLI, Gian Carlo. *Le due guerre. Perché l'Italia ha sconfitto il terrorismo e non la mafia*, Melampo, Milão, 2009.
CHIAROMONTE, Gerardo. *I miei anni all'antimafia 1988-1992*, Calice Editore, Roma, 1996.
DEAGLIO, Enrico. *Il raccolto rosso 1982-2010. Cronaca di una guerra di mafia e delle sue tristissime conseguenze*, Il Saggiatore, Milão, 2010.
DE CATALDO, Giancarlo. *Terroni*, Sartorio Editore, Pavia, 2006.
FAVA, Claudio. *I disarmati. Storia dell'antimafia: i reduci e i complici*, Sperling & Kupfer, Milão, 2009.

LA LICATA, Francesco. *Storia di Giovanni Falcone*, Feltrinelli, Milão, 2005.
MONTI, Giommaria. *Falcone e Borsellino. La calunnia, il tradimento, la tragedia*, Editori Riuniti, Roma, 2006.
PATRONO, Mario. *Il cono d'ombra*, Cerri Editore, Milão, 1996.

3. A 'NDRANGHETA NO NORTE [pp. 51-68]

CARLUCCI, Davide e CARUSO, Giuseppe. *A Milano comanda la 'ndrangheta. Come e perché la criminalità organizzata ha conquistato la capitale morale d'Italia*, Ponte alle Grazie, Milão, 2009.
CICONTE, Enzo. *'Ndrangheta padana*, Rubbettino, Soveria Mannelli, 2010.
_____. MACRÌ, Vincenzo e FORGIONE, Francesco; PATTI, Enzo (ilustr.). *Osso, Mastrosso, Carcagnosso. Immagini, miti e misteri della 'ndrangheta*, Rubbettino, Soveria Mannelli, 2010.
GRATTERI, Nicola e NICASO, Antonio. *Fratelli di sangue. Storie, boss e affari della 'ndrangheta, la mafia più potente del mondo*, Arnoldo Mondadori Editore, Milão, 2010.
_____. *La malapianta*, Arnoldo Mondadori Editore, Milão, 2009.
_____ e GIARDINA, Valerio. *Cosenza 'ndrine sangue e coltelli*, Pellegrini Editore, Cosenza, 2009.
MINUTI, Diego e VELTRI, Filippo. *Lettere a San Luca*, Abramo Editore, Catanzaro, 1990.
_____. *Ritorno a San Luca*, Abramo Editore, Catanzaro, 2008.
OLIVA, Ruben e FIERRO, Enrico. *La Santa. Viaggio nella 'ndrangheta sconosciuta*, Rizzoli, Milão, 2007.
TETI, Vito. *Il senso dei luoghi. Memoria e storia dei paesi abbandonati*, Donzelli, Roma, 2004.
VELTRI, Elio e LAUDATI, Antonio. *Mafia pulita*, Longanesi, Milão, 2009.

4. PIERO E MINA [pp. 69-77]

DE SEPTIS, Elisabetta. *Eutanasia*, Messaggero di Sant'Antonio, Pádua, 2008.
FORNERO, Giovanni. *Bioetica cattolica e bioetica laica*, Bruno Mondadori, Milão, 2009.
FURLANETTO. Flavia, *Una vita vissuta dalla porta d'uscita. Paolo Ravasin e la Sla*, Sangel Edizioni, Cortona, 2010.

MILANO, Gianna e RICCIO, Mario. *Storia di una morte opportuna. Il diario del medico che ha fatto la volontà di Welby*, Sironi, Milão, 2008.
WELBY, Mina e GIANNINI, Pino. *L'ultimo gesto d'amore*, Edizioni Noubs, Chieti, 2010.
WELBY, Piergiorgio. *Lasciatemi morire*, Rizzoli, Milão, 2006.
_____ e LIOCE, Francesco, *Ocean Terminal*. Castelvecchi Editore, Roma, 2009.

5. DETRITOS E VENENOS: A MONTANHA TÓXICA [pp. 78-93]

AA.VV. *Ecomafia 2010*, Edizioni Ambiente, Milão, 2010.
BALDESSARRO, Giuseppe e IATÌ, Manuela. *Avvelenati. Questa storia deve essere raccontata perché uccide la nostra gente*, Città del Sole, Reggio Calabria, 2010.
BOCCA, Riccardo. *Le navi della vergogna*, Rizzoli, Milão, 2010.
CORDOVA, Claudio. *Terra venduta: così uccidono la Calabria. Viaggio di un giovane reporter sui luoghi dei veleni*, Laruffa Editore, Reggio Calabria, 2010.
CORONA, Gabriella e FORTINI, Daniele. *Rifiuti. Una questione non risolta*, Edizioni XL, Roma, 2010.
DE CRESCENZO, Daniela. *'O Cecato. La vera storia di uno spietato killer: Giuseppe Setola*, Tullio Pironti Editore, Nápoles, 2009.
LUCARELLI, Carlo. *Navi a perdere*, Edizioni Ambiente, Milão, 2008.
SODANO, Tommaso e TROCCHIA, Nello. *La peste. La mia battaglia contro i rifiuti della politica italiana*, Rizzoli, Milão, 2010.
VELTRI, Elio e LAUDATI, Antonio. *Mafia pulita*, Longanesi, Milão, 2009.

6. A MARAVILHOSA HABILIDADE DO SUL [pp. 94-9]

FOFI, Goffredo e PANIZZA, Giacomo. *Qui ho conosciuto purgatorio, inferno e paradiso*, Feltrinelli, Milão, 2011.

7. O TERREMOTO EM L'AQUILA [pp. 100-12]

AA.VV. *Ecomafia 2010*, Edizioni Ambiente, Milão, 2010.
ARMINIO, Franco. *Viaggio nel cratere*, Sironi, Milão, 2003.
CAPORALE, Giuseppe. *L'Aquila non è Kabul. Cronaca di una tragedia annunciata*, Castelvecchi Editore, Roma, 2009.

CIAMBOTTI, Sara. *Il terremoto di Sara. L'Aquila, 6 aprile, ore 3.32*, Rizzoli, Milão, 2009.

DI PERSIO, Samanta. *Ju Tarramutu. La vera storia del terremoto in Abruzzo*, Casaleggio Associati, Milão, 2009.

ERBANI, Francesco. *Il disastro. L'Aquila dopo il terremoto, le scelte, le colpe*, Laterza, Roma-Bari, 2010.

PULIAFITO, Alberto. *Protezione civile Spa. Quando la gestione dell'emergenza si fa business*, Aliberti Editore, Reggio Emilia, 2010.

8. A DEMOCRACIA VENDIDA E O NAVIO A VAPOR DA CONSTITUIÇÃO [pp. 113-20]

CALAMANDREI, Piero. *La Costituzione e la gioventù. Discorso pronunciato da Piero Calamandrei nel gennaio 1955 a Milano*, Provincia di Livorno, Livorno, 1975.

_____. *Elogio dei giudici scritto da un avvocato*, Ponte alle Grazie, Florença, 1993.

_____. *In difesa dell'onestà e della libertà della scuola*, Sellerio, Palermo, 1994.

_____. *La Costituzione e le leggi per attuarla*, Giuffrè, Milão, 2000.

_____. *Fede nel diritto*, Laterza, Roma-Bari, 2008.

_____. *Per la scuola*, Sellerio, Palermo, 2008.

Agradecimentos

As palavras são sempre resultado de encontros, confrontos, horas de silêncio e de alarido ensurdecedor. As de *Vieni via con me* nasceram em uma oficina. Mas não em sentido figurado. As narrativas, as listas, as ideias foram paridas ao som de motores pifados sendo consertados, jatos de água para remover graxa e óleo e de ar para encher pneus. Nossa redação era literalmente em um lava--rápido, no primeiro andar de uma oficina milanesa onde, por motivos de segurança, ficávamos praticamente trancados.

Agradeço a Fabio Fazio, criador deste projeto. Sem sua experiência, seu profissionalismo, sem seu talento e sobretudo sem sua amizade, eu teria "*andato via*", ido embora, na primeira semana de trabalho. Agradeço ao diretor da RAI 3 Paolo Ruffini, que defendeu o projeto desde o primeiro momento, e a Loris Mazzetti, que pagou até com uma suspensão seu empenho em nos manter no ar. Agradeço a Roberto Benigni, que decidiu apoiar este projeto acima de tudo. E agradeço a todos os convidados que viveram esta aventura.

Agradeço aos autores que criaram o programa: Pietro Galeotti, que me introduziu na linguagem televisiva; Francesco Piccolo, um penetra da tevê tanto quanto eu e que se divertiu em salpicar de literatura os textos, Marco "Posano" Posani, que avaliava ritmos, forças e tempos. Agradeço a Michele Serra, que sempre conseguia aliviar a tensão, levando-nos a refletir sorrindo. E a Giovanna Zucconi, sempre pronta a recalibrar meu olhar, às vezes excessiva e profundamente meridional, sobre as coisas.

Agradeço a Federica Campana, que coordenou cada monólogo, dando-me assistência, com grande paciência e afeto, em cena e na redação. Uma verdadeira coautora. Agradeço a Silvia Beconi e a toda a redação: Gianluca Brullo, Claudia Carusi, Marcella Cedrangolo, Biagio Coscia, Stefano Faure, Serafina Ormas.

Agradeço aos dirigentes da Endemol Paolo Bassetti, Leonardo Pasquinelli e Giacomino Forte, próximos desde a primeira hora. À assessora de imprensa Monica Tellini e à produção: Donata Riva, Tina Grieco, Marco Altieri e Mauro Vulcano.

Agradeço a Annalisa Guglielmi e a Paolo Aleotti. A Nino Rizzo Nervo e Giorgio van Straten pelo constante suporte. Ao diretor Duccio Forzano e à cenógrafa Francesca Montinaro, que nos obrigou a aprender uma palavra inviável: "*switch glass*".

Agradeço a Beppe Caschetto e Arianna Tronco pelos conselhos. A Roberto Castelli e ao corpo de baile por terem feito com que eu me apaixonasse pela dança contemporânea.

Agradeço ao promotor Nicola Gratteri pela amizade e por me proporcionar, com suas investigações e seus escritos, os instrumentos para que eu pudesse compreender como as organizações criminosas operam.

Agradeço ao coronel Valerio Giardina, comandante do Grupo Territoriale Carabinieri da Locride, por me guiar em uma terra belíssima e terrível.

Agradeço, como sempre, àqueles que há anos protegem minha vida. Ao comando geral da Arma dei Carabinieri, ao general Gaetano Maruccia, ao comandante provincial Maurizio Mezzavilla, aos coronéis Salvatore Cagnazzo e Fabrizio Di Simio, ao major Giorgio Tommaseo, aos capitães Alessandro Faustini, Marco Bruni e Giuseppe Picozzi.

Agradeço aos catorze homens da minha escolta: Gaetano, Roberto, Claudio, Nicolò, Giuseppe, Rosario, Giuliano, Vittorio e aos outros, que aceitaram passar muito tempo longe de casa com um sorriso nos lábios e com muita disciplina, apoiando meu trabalho.

Agradeço a todos aqueles que possibilitaram a realização deste projeto. Seria complicado listá-los agora, porque de fato são muitos. E àqueles que estiveram próximos de mim nos momentos mais difíceis.

Obrigado a Manuela De Caro, anjo da guarda. Obrigado à minha família, que enfrenta pressões, isolamentos e sofrimentos, mas resiste.

ESTA OBRA FOI COMPOSTA PELA SPRESS EM MINION E IMPRESSA EM OFSETE PELA PROL EDITORA GRÁFICA SOBRE PAPEL PÓLEN BOLD DA SUZANO PAPEL E CELULOSE PARA A EDITORA SCHWARCZ EM AGOSTO DE 2012